하나님을 경외하는 마음

당신이 하나님을 더 깊이 알아 가고 더 널리 알리는 사람이 되는 것, 이 책에 담긴 예수전도단의 마음입니다. 말씀을 통해 저자가 깨닫고, 원고를 통해 저희가 누릴 수 있었던 그 감동이 책을 통해 당신에게도 전해지기 원합니다. 그리고 당신을 통해 그 기쁨과 은혜가 더 많은 이들에게 계속해서 흘러가기를 기도하겠습니다. 이 책을 통해 당신이 받은 은혜를 다른 분들에게도 나눠 주십시오. 사랑하고 축복합니다.

Copyright © 2008 by Joy Dawson
Originally published in English under the title
Intimate Friendship With God(Revised edition)
Published by Chosen Books, a division of Baker Publishing Group
P.O. Box 6287, Grand Rapids, MI 49516-6287 USA
All rights reserved.

Korean Copyright © 2008 by YWAM Publishing Korea

JOY DAWSON

하나님을 경외하는 마음

조이 도우슨 지음 | 이상신 · 양혜정 옮김

예수전도단

어린 시절, 하나님을 경외하는 생활을 할 수 있도록
커다란 영향을 주신 나의 신앙심 깊은 부모님,
존 마닌즈와 그레이스 두 분께,

또한 내 인생에서 가장 가까운 친구가 돼 준
사랑하는 남편 짐에게,

사랑스러운 아들 존과 며느리 줄리 도우슨,
딸 질리안과 사위 존 빌즈에게,

소중한 손자손녀와 그 배우자인 데이비드와 케이티 도우슨,
폴과 앰버 도우슨, 매튜와 코라 도우슨, 레이첼 도우슨,
제니와 라파엘 그룬월드, 저스틴 빌즈에게 이 책을 바칩니다.

이들은 모두 제 소중한 친구입니다.

감사의 글

이 글을 쓰는 동안 귀 기울여 들어주고 조언해 주며 손으로 쓴 원고를 활자로 옮겨 준 사랑하는 남편에게 진심으로 감사한다. 특히 이 개정증보판을 위해 너무나 신실하게 중보기도를 해줘서 깊은 감사를 드린다. 그리고 중보기도하는 내 친구들에게도 똑같이 감사드린다.

추천서에 격려의 글을 담아 주신 잭 헤이포드 목사님께 깊이 감사한다. 또 이 개정증보판이 나오기만을 꿈꾼 제인 캠벨과 함께 일한 것도 기뻤다.

그리고 20여 년 전 초판이 나왔을 때 여러 모로 도와준 재닛 램버트, 테레사 겔리니, 몰리 팔로, 밥 오언, 에벌린 휠러, 존 몰딘, 레너드 르솔드를 다시 기억하며 감사드린다.

추천의 글

이 시대는 사람들이 여러 문제에서, 심지어 자기 자신이나 자신의 삶에 대해서도 진지하게 생각하기가 어렵다. 억지로 생각해 보라고 권유하면, 그 사람은 마치 지구 반대편에 있는 도시가 지금 몇 시냐는 질문을 받은 것처럼 멍해질지도 모른다.

점점 무감각해지는 문화를 비판하거나 짐짓 낮춰 보려는 뜻은 아니지만, 우리는 생각하지 않고 받아들이는 데 익숙하다. 현대 사회의 사람들은 이런저런 소리 속에 빠져 허우적대고 아이팟의 음악에 이리저리 흔들리며, 수없이 많은 웹 사이트를 눌러 대고 무의미한 전자우편을 써 댄다. 이 책은 이러한 사회를 넘어 다른 차선으로 들어오라고 우리를 초청한다.

물론 모두 생각 없이 산다는 말은 아니다. 위의 묘사는 당신 이야기가 아닐 수도 있다. "하나님이 여기 계시다!" 하고 아주 명확하게 이야기하는 이 책을 펼쳐든 당신은 분명히 어떤 주제를 진지하게 생각해 보려는 사람일 것이다. 그러면 도입 격으로 몇 가지 생각을 소개하겠다.

첫째, 이 책은 무미건조한 용어나 신비로운 사상을 사용하지 않고, 솔직한 말로 '하나님을 경외함'에 대해 다룬다. 여기에 나온 '하나님을 경외한다'는 개념은, 어떤 이들이 이야기하듯이, 마치 한 손에 번개를 들고 산꼭대기에 앉은 노르웨이 신처럼 독단적이고 포악하고 괴물 같은 하나님을 두려워한다는 의미가 아니다. 좀 진부하게 들릴지 모르지만 그 반대 개념, 곧 "하나님은 사랑이시라"("사랑은 하나님이라"는 달콤하고 감상적인 말과는 하늘과 땅만큼이나 거리를 두어야 하는 말)는 말을 더 명확하게 해준다. 그리고 어마어마한 사실을 알게 될 것이다. 바로 하나님을 경외하면 마치 현실에서 연애를 하는 것 같은 느낌이 든다는 점이다. 지금은 이 말이 앞뒤가 맞지 않게 들리더라도, 이 책은 사랑이신 하나님을 아는 데 도움이 될 것이다.

둘째, 어떤 독자든 이 책의 저자가 누구인지 생각해 보면 좋겠다. 나는, 가정주부이면서 강사로 활약하고 있고, 통찰력 있는 예언자이자 훌륭한 신학자요, 신앙심 깊은 조이 도우슨을 여러분에게 소개함을 영광으로 생각한다. 저자를 30년 넘게 알아 오면서 가장 놀란 점은, 그가 사람들이 올바로 생각할 수 있도록 효율적으로 돕는다는 것이다. 저자가 쓴 글과 전세계에서 해 온 세미나와 강의는 연령과 상관없이 수많은 사람에게 큰 영향을 미쳤다. 특히 생각하는 데 익숙지 않은 대학생과 청년들까지 저자의 글과 강연에 매혹당했다.

그러면 조이 도우슨과 함께 이 책을 탐독해 보자. 하나님을 경외한다는 것이 무엇인지 아주 명확히 이해하게 될 것이다. 또 하나님을 경외함이 추구할 만한 목적이라는 사실을 알게 될 것이다. 하나님을 찾는 일은 복잡한 미로를 헤쳐 나가듯이 어려운 일이 아니다. 이 책을 읽으면, 놀라우리만큼 간단하다는(극도로 단순하지는 않지만) 사실을 곧 알게 될 것이다. 이 책에는 하나님에 대해 올바로 생각하게 해주는 길이 있다. 그 길을 따라 가면 풍성한 삶을 살고, 사랑하며, 배울 수 있다.

잭 W. 헤이포드
국제복음교회 대표, '더 처치 온 더 웨이'(The Church On The Way) 개척 목사,
킹스(The King's) 신학교 설립자

CONTENTS

감사의 글 7
추천의 글 8
한국 독자를 위한 서문 12
서문 14

PART 1 | 하나님을 경외하는 마음이란…

　1장 하나님을 경외하는 마음 • 19
　2장 하나님께 순종함 • 33
　3장 사람을 두려워하지 않기 • 53
　4장 하나님의 거룩하심 • 73

PART 2 | 하나님을 경외하는 이유

　5장 죄에 대한 네 가지 태도 • 81
　6장 회개란 무엇인가 • 89
　7장 회개하는 방법 • 101
　8장 진정한 용서 • 109
　9장 생각에서 시작되는 죄 • 121

PART 3 | 하나님을 경외하는 마음으로 살아갈 때

10장 관계의 기반 • 135

11장 성(性), 하나님의 선물 • 145

12장 여성의 영향력 • 155

13장 기름부음 받은 자를 비판하지 않기 • 163

14장 격려하시는 하나님 • 179

15장 우상숭배 • 183

PART 4 | 하나님을 경외하는 자에게 주시는 약속

16장 경외하는 마음을 갖는 다섯 가지 방법 • 193

17장 지혜로운 말 • 203

18장 하나님의 상급 • 209

부록 | 친밀감의 시작
예수 그리스도께 삶을 드리려면   221
성숙한 그리스도인이 되는 길   227
주

한국 독자를 위한 서문

'하나님을 경외하는 마음'이라는 주제는 성경에 자주 나온다. 그러나 이것은 잘 알려지지도 않았고, 이것을 잘 이해하는 사람도 드물다.

몇 년 전, 하나님을 더욱 친밀하게 알고자 그분을 부지런히 구하기 시작했을 때, '경외함'이라는 주제가 하나님께 매우 중요하다는 사실을 깨달았다. 그러나 그때는 '하나님을 경외하는 마음'에 대해 전혀 몰랐다. 그러고서 결국, 죄를 미워하는 것이 하나님을 경외하는 것이라는 사실을 말씀을 통해 알게 되었다(잠 8:13). 이 사실은 또한 지혜의 근본이며, 거룩한 자를 아는 지식이기도 하다(잠 9:10). 어쩌면 내가 하나님의 성품과 그분의 길에 대한 이해와 지혜가 부족한 것이 당연한 일이었는지 모른다.

이 주제를 공부할수록, 그리고 성령님께 복종하면서 내 생활의 모든 부분에 이 말씀을 적용할수록 나는 철저하게 변했다.

성경에서 공부한 어떠한 주제도 '경외함'만큼 내 삶에 혁신적인 변화를 일으키지 못했다. 당신도 이 책의 각 장을 주의 깊게 읽고서, 배운 진리를 실행해 보라. 애벌레가 아름다운 나비가 되듯, 당신도 성령으로 말미암아 더욱 예수님과 같아질 것이다. 로마서 8장 29절은 이렇게 되는 것이 우리 삶의 궁극적 목표라고 말씀한다.

나와 함께 하나님을 알아 가는 신나는 모험을 하자.

조이 도우슨

서 문

하나님과 절친한 친구 사이가 된다! 생각만 해도 가슴 설레는 말이다. 우리가 참으로 하나님의 형상을 한층 더 깊이 접하면 접할수록, 하나님과의 친밀함은 그 어느 것과도 비교할 수 없는 놀라운 경험이 된다.

온 우주의 창조주이신 하나님과 절친한 사이가 되는 일은 절대 시시하지 않다. 하나님과 친밀한 관계를 맺는 일은 우리 삶에서 가장 흥분된 일이라 할 수 있다.

무수히 많은 사람이 하나님이 우주의 창조주이심을 믿는다. 하지만 아버지와 자녀로서 아름다운 관계를 누리는 사람은 많지 않다. 그러한 관계에서만이 친밀함을 느낄 수 있는데도….

하나님의 가족이 될 때 비로소 하나님과 친밀해지고, 진정한 기쁨과 만족을 누릴 수 있다. 하나님과 손자 관계인 사람은 없다. 우리는 각자 하나님의 아들이신 주 예수 그리스도와 인격적인 교제를 나눔으로써 하나님과 직접 연결되기 때문이다.

이 책에 '예수 그리스도께 삶을 드리려면'이라는 부록이 있다. 간단하지만 하나님과 친밀한 관계를 시작하기 위한 몇 가지 단계를 하나님 말씀에서 뽑아 정리한 것이다. 또 '성숙한 그리스도인이 되는 길'이라는 실제적인 지침을 함께 실었다. 독자들이 주의 깊게 읽고 필요한 곳에 적용하기 바란다.

일단 하나님의 가족으로 다시 태어나면 그다음은 성령이 우리에게 깨달음을 주신다. 아마도 우리 삶에서 가장 놀라운 관계가 어떻게 이루어지며, 그 관계가 어떻게 발전해 나가는지 궁금할 것이다. 그것은 하나님과 절친한 친구 사이가 되는 것이다.

조이 도우슨

PART 1

하나님을
경외하는 마음이란…

1
하나님을 경외하는 마음

에덴동산에서 아담과 하와가 금단의 열매를 맨 처음 한 입 물었을 때, 이들에게 어떤 일이 일어나기 시작했다.

그것은…

당신과 내가 영원히 지속하지 않아도 되는,

당신과 내가 자유의지를 사용하여 하지 않겠다고 결정할 수 있는,

당신과 내가 진정 미워해야 할,

사탄의 유혹이 간교하고 아무리 강할지라도 우리가 능히 대항할 수 있는 것이다.

그것은 바로 죄다.

우리가 죄에 대해 이같이 할 수 있는 이유는 하나님이 우리를 위해 이미 마련해 놓으신 것이 있기 때문이다!

하나님이 마련해 주신 그것은 죄와 관련하여 세상에서 가장 하기 쉬운 일이다. 그것은 바로 하나님을 경외하는 일이다. 자, 계속해서 읽어 내려가기 전에 함께 기도하자.

우리는 지금 잠잠히 당신이 하나님이심을, 온 우주를 통치하고 다스리시는 권세가 뛰어난 왕이신 하나님임을 알고 싶습니다. 하나님은 영원히 존재하시며 무한한 창조력을 지니신 절대적 주권자이십니다. 우리는 하나님의 놀라운 거룩함과 장엄한 광채, 빛나는 영광, 무한한 능력, 한없는 권세를 바라보며 엄숙히 서 있습니다. 하나님의 온전한 성품, 끝없는 지식과 지혜, 완전한 공의, 변함없는 미쁘심, 다함이 없는 자비와 비할 데 없는 은혜, 그리고 죄에 대해 엄중히 진노하시는 이 모든 것을 경배합니다. 하나님께 우리의 온 마음을 다해 무릎 꿇고 경배하며 찬양을 드립니다. 하나님의 찬란한 아름다움과 황홀한 위품, 상상을 초월한 겸손과 헤아릴 수 없는 지각, 그리고 측량할 수 없는 사랑을 깨달아 가기 때문입니다. 우리에게 가장 필요한 것은 하나님이 참으로 기뻐하시는 것이 무엇인지 더욱 알아 가는 것입니다. 우리에게 이러한 필요를 채워 주시기를 청합니다. 또 모세와 같이 기도드립니다. "원하건대 주의 길을 내게 보이사 내게 주를 알리시고 나로 주의 목전에 은총을 입게 하옵소서"(출 33:13). 이 모든 진실한 기도에 응답해 주실 줄 믿고 감사드리면서 예수님 이름으로 기도합니다. 아멘.

하나님을 경외하는 것은 하나님의 원리 원칙 중에서도 가장 중요한 일이다. 이 책의 목적은 하나님을 경외하는 일이 무엇인지 살펴보는 데 있다.

"하나님을 경외하는 것은 이런 것이 아니다"라고 분별하기 위해서라도 우리는 하나님을 경외하는 것이 무엇인지 알 필요가 있다.

잠언 8장 13절은 "여호와를 경외하는 것은 악을 미워하는 것이라"고 말한다. 이 말씀은 하나님이 죄에 대해 보이시는 태도를 우리도 취해야 한다는 말씀이다. 성경을 통해 하나님의 거룩함을 연구하면 할수록, 하나님이 죄를 가증스럽게 여기신다는 점을 더욱 깊이 깨달을 수 있다.

하나님은 절대로 죄를 묵인하지 않으신다. 죄와 타협하지도 않으신다. 죄는 하나님의 성품과 상극이기 때문이다. 우리를 창조하시고서, 친밀한 교제를 나눔으로 우리를 온전케 하려고 계획하신 하나님이 이렇게 말씀하신다. "너희는 거룩하라 이는 나 여호와 너희 하나님이 거룩함이니라"(레 19:2). 그러므로 죄를 미워하는 일이야말로 이 말씀을 지키는 데 가장 중요한 일이라 하겠다.

하나님은 공의로우신 분이다. 그러므로 하나님이 우리에게 명령을 내리실 때는 그 명령을 행할 수 있도록 온갖 지원을 아끼지 않으신다는 사실을 믿어야 한다.

비록 우리가 지금은 거룩하지 않을지라도, 아니 우리가 도저히 거룩해질 수 없는 사람일지라도 문제가 되지 않는다. 우리가 주 예수 그리스도께 삶을 바쳤고 주님이 우리 안에 거하신다면, 우리 안에 계신 분이 거룩하시다는 사실을 기억해야 한다. 주님 말씀에 순종하기로 기꺼이 결정한다면 주님의 거룩함이 우리를 통해 드러나기 시작할 것이다.

하나님이 레위 제사장에게 하시는 말씀에 '하나님을 경외한다'는 말을 또 다르게 정의했다. 하나님은 말라기 2장 5절에서 "레위와 세운 나의 언약은 생명과 평강의 언약이라 내가 이것을 그에게 준 것은 그로 경외하게 하려 함이라 그가 나를 경외하고 내 이름을 두려워하였으며" 하고 말씀하셨다.

이 이름이 대체 무엇이기에 하나님을 두려워해야 한다는 말인가! 하나님은 가장 역동적인 한마디로 이 이름을 표현하셨다. "스스로 있는 자"(출 3:14), 곧 하나님은 완전하고 탁월하며, 부족함과 흠이 없는 분으로 모든 것의 근원이라는 말씀이다.

우리를 진정으로 만족하게 하는 분,
하나님의 형상을 닮게 하시려
우리 안에 역사하는 분,
우리를 통해 자신을 드러내는 분,
그분은 오로지 하나님 한 분이시다.

모든 것 되신 그분, 모든 것을 완전히 충족하시며 이 세상 모든 것을 갖추신 분을 두려워하라고 성경은 말한다. 그분은 전에도 계셨고 지금도 계시며 완전한 자로 영원히 살아 계시는 하나님이시다. 그러므로 스스로 있는 자라는 이름 말고는 그분을 달리 표현할 길이 없다. 다만 우리는 마음속에 하나님에 대한 경외를 느끼며 우리를 기다리시는 그분께 믿음으로 응답해야 한다.

참으로 당신은 스스로 계신 분이십니다.
참으로 스스로 계신 분이십니다.
참으로 그렇습니다.

성령이 우리의 마음과 생각 속에 은은히 들려주시는 말씀을 들을 때 하나님의 이름은 새로운 의미로 다가온다.

주는 나의 빛이요, 나의 구원이라.
주는 나의 힘, 나의 반석, 나의 피난처
나의 산성, 나의 구원자
나의 방패, 나를 지키시는 자
나의 큰 대제사장이시요, 나의 중보자시라.
주는 나의 왕, 나의 하나님

나의 사랑

주는 내게 속하고 나는 주께 속하였다!

하나님을 경외하는 마음의 또 다른 차원을 보여 주는 말씀이 있다. "온 땅은 여호와를 두려워하며 세상의 모든 거민들은 그를 경외할지어다 그가 말씀하시매 이루어졌으며 명령하시매 견고히 섰도다"(시 33:8-9).

이 말씀은 하나님이 무한한 능력과 최고의 권세로 온 우주를 창조하셨음을 두렵고 떨리는 마음으로 바라보라는 말이다. 그리고 히브리서 1장 3절에서도 똑같은 말씀의 능력으로 우주의 질서가 유지되고 있다고 한다. 베드로후서 3장 7절에는 "이제 하늘과 땅은 그 동일한 말씀으로 불사르기 위하여 보호하신 바 되어 경건하지 아니한 사람들의 심판과 멸망의 날까지 보존하여 두신 것이니라"고 선언하면서, 이어 13절에 "우리는 그의 약속대로 의가 있는 곳인 새 하늘과 새 땅을 바라보도다"라고 하였다. 즉, 하나님은 말씀으로 하늘과 땅을 창조하셨을 뿐만 아니라 같은 말씀으로 만물을 붙들고 계신다. 또한 만물을 파괴하시고, 재창조도 하신다. 이것이야말로 참된 능력이 아니고 무엇이겠는가. 전능하신 하나님의 능력, 하나님의 권능이다!

다윗은 이처럼 전능하신 하나님을 경외하는 마음으로 찬양하며 경배하였다. "내가 주의 이름을 형제에게 선포하고 회중 가운데에서 주를 찬송하리이다 여호와를 두려워하는 너희여 그를 찬송할지어다 야곱의 모든 자손이여 그에게 영광을 돌릴지어다 너희 이스라엘 모든 자손이여 그를 경외할지어다"(시 22:22-23).

여호와를 경외하는 마음을 품으면, 하나님이 우리 안의 죄를 미워하시듯이 우리 또한 죄를 미워하게 된다. 또 하나님을 경외하는 마음으로 말미암아 하나님의 거룩함과 능력과 사람의 모든 필요를 만족시키는 풍요로움을 알게 된다.

그뿐만이 아니다. 우리는 하나님을 훨씬 더 진지하게 생각할 필요가 있다. 예수님이 마태복음 10장 26-27절에서 "감추인 것이 드러나지 않을 것이 없고 숨은 것이 알려지지 않을 것이 없느니라 내가 너희에게 어두운 데서 이르는 것을 광명한 데서 말하며 너희가 귓속말로 듣는 것을 집 위에서 전파하라" 하고 말씀하신 것처럼 하나님을 경외한다는 것은 곧 영적으로 건강하다는 것을 뜻한다. 대단한 예견이자 명령인 이 말씀 뒤에 어떤 말씀이 이어지는지 보자. "몸은 죽여도 영혼은 능히 죽이지 못하는 자들을 두려워하지 말고 오직 몸과 영혼을 능히 지옥에 멸하실 수 있는 이를 두려워하라"(28절).

하나님을 인간과 같게 여기거나, 혹 인간보다 덜하게 여기는 사람은 경외에 대한 이해가 전혀 없는 사람이다. 쉽게 말하면, 하나님을 알면 알수록 절대 잘못 건드리면 안 되는 분임을 알게 될 것이다. 하나님을 경홀히 여기다니, 말도 안 되는 일이다!

교회에 참된 부흥이 일어나 하나님의 거룩함과 영광이 가득할 때, 사람이 거짓말을 하고 성령께 불순종하면 그 결과가 어떠한지 성경에 잘 나타나 있다. 사도행전 5장 1-10절에서 아나니아와 그의 아내 삽비라가 그러했다. 아나니아와 삽비라 사건은 기독교인뿐 아니라 비기독교인에게도 큰 영향을 끼쳤다. 11절은 "온 교회와 이 일을 듣는 사람들이 다 크게 두려워하니라"고 기록한다. 다시 말하자면 사람들은 몹시 두려워했다! 이어서 13절에는 "그 나머지는 감히 그들과 상종하는 사람이 없으나 백성이 칭송하더라"고 말한다. 교회 밖에 있는 사람조차 초대교회 안에서 일어난 일을 '완전히' 심각하게 받아들였다!

하나님이 우리에게 그 앞에서 떨라고 하시는 말씀이 무엇을 의미한다고 생각하는가? 왜 하나님 앞에서 떨어야 하는가? 시편 99편 1절은 "여호와께서 다스리시니 만민이 떨 것이요"라고 말한다. 그리고 3절은 "그는 거룩하심이로다"라고 한다. 이 말씀은 하나님의 최고의 권위와 순결함을 진지하게 받아들이고 그분의 위엄 있는 임재 안에서 떨어야 한다고 권고한다. 우리는 한 번이라도 그런 적이 있는가? 시편 2편 10-11절은 지도자의 위치에 있는 자들을 위한 강력한 권고의 말씀을 전한다. "그런즉 군왕들아 너희는 지혜를 얻으며 세상의 재판관들아 너희는 교훈을 받을지어다 여호와를 경외함으로 섬기고 떨며 즐거워할지어다."

"내 육체가 주를 두려워함으로 떨며 내가 또 주의 심판을 두려워하나이다"(시 119:120)라고 말한 다윗은 자신의 삶에서 하나님 말씀을 묵상함으로 경외함을 이해했다. 슬프게도 오늘날, 이렇게 여호와를 진정으로 경외하는 마음이 그리스도의 몸에 몹시 부족하다. 이것은 우리에게 큰 손해다.

하나님은 예레미야 5장 22절에서 "여호와의 말씀이니라 너희가 나를 두려워하지 아니하느냐 내 앞에서 떨지 아니하겠느냐 내가 모래를 두어 바다의 한계를 삼되 그것으로 영원한 한계를 삼고 지나치지 못하게 하였으므로" 하고 질문하시면서 왜 우리에게 여호와를 진정으로 경외하는 마음이 그리도 없는지 의아해하신다. 이 말씀이 낯설게 들리면 들릴수록 우리가 얼마나 여호와를 경외하는 삶과 거리를 두고 살았는지 알게 될 것이다. 우리는 어떻게 하면 하나님 말씀의 기준을 따라 살 수 있는지 하나님께 더 부르짖어야 한다. 그분은 언제나 진리를 드러내심으로 그 부르짖음에 응답하실 것이다.

예레미야 9장 23-24절은 하나님을 아는 지식과 하나님의 세 가지 주된 성품인 사랑, 정의, 공의를 깨닫는 것만을 자랑으로 여기라고 말한다. 우리를 구속하시려고 예수님이 갈보리에서 치르신 대가는 하나님의 무조건적인 사랑을 알게 해준다. 이러한 사랑을 이해하면 우리는 언제나 안정감을 얻는다. 또 어느 때나 그분께 나아갈 수 있다. 한편, 하나님의 거룩함과 판단과 공의를 깊이 깨달으면, 왜 여호와를 경외함이 중요한지, 매일 삶에서 어떻게 하나님을 경외할 수 있는지 알게 된다. 그분은 사랑으로 우리를 받아들이신다. 우리 삶에서 여호와를 경외하면, 그분의 총애를 입을 수 있다. 여기에는 큰 차이가 있다.

이제 내가 나누려는 사건은 토요일 밤 독신들을 위한 교회 수련회에서 일어났다. 이 모임은 이런저런 격식을 따지지 않았기에 우리는 훨씬 더 수월하게 놀라운 경험을 할 수 있었다. 먼저 나는 하나님 말씀을 통해 그분의 공의를 깊이 있게 가르쳤고, 그다음 청중이 자유롭게 토론할 기회를 주었다. 여러 사람이 진정으로 자신들이 갈망하는 바를 나누었고, 나는 긍휼히 여기는 마음으로 상담했다. 그러고서 상처가 있는 사람을 돌보시는 사랑의 하나님의 통로가 돼 달라고 모든 사람을 초청했다. 나는 이들이 그 시간에 참여하길 바랐다. 하나님의 사랑이 가장 강력한 치유의 원천이기 때문이다. 성령이 긍휼함과 인내의 영역에서 청중의 한계를 늘려 가고 계셨다. 또한 보상을 의도하셨다.

나는 하나님의 인도하심에 따라 다음 구절을 나누었다.

시편 99:1 "여호와께서 다스리시니 만민이 떨 것이요."
에스라 9:4 "이에 이스라엘 하나님의 말씀으로 말미암아 떠는 자가…다 내게로(에스라에게로) 모여 오더라."

에스라 10:3 "우리 하나님의 명령을 떨며 준행하는 자의 가르침을 따라…율법대로 행할 것이라."

그 후 나는 성령의 인도를 받고, 사람들에게 이 땅의 왕이 이 방에 들어온다면 취해야 할 자세로 온 정신을 집중하여 일어서도록 명했다. 우리는 15분에서 20분가량 눈을 감고 그렇게 서 있었다. 하나님의 장엄한 광채, 경외심을 자아내는 거룩함과 불타는 영광에 초점을 맞추고 완전한 침묵 속에서 경배드렸다. 곧 우리는 하나님의 거룩한 임재를 느꼈고, 그분의 임재는 거기 모인 사람들에게 여러 가지 모양으로 드러났다. 그 교회의 행정 목사를 포함해 여러 사람이 긴 옷을 입으신 주 예수가 사람들 사이를 지나다니시며 그 옷자락으로 각 사람을 축복하시는 환상을 보았다. (이것은 예수님의 옷자락을 만지려고 군중 사이를 뚫고 지나야 했던 여인의 모습과 대조되는 환상이었다.) 예수님은 얼마나 은혜롭고 자비로우신지.

이렇게 침묵으로 예배드린 지 약 5분이 지나고 나의 온몸과 머리가 강하게 떨렸다. 이도 딱딱 부딪치기 시작했다. 나는 이것을 구하지도 않았고, 이렇게 되려고 일부러 어떤 행동을 하지도 않았다. 오랜 침묵이 끝날 무렵, 나는 성령이 나에게 '내가 내 백성을 찾아올 것이며 이것은 그 준비다' 하고 말씀하시는 것을 두 번이나 분명하게 들었다. 그곳에는 다른 교회 사람들도 꽤 있었지만 이 말씀이 우리 교회, '더 처치 온 더 웨이'(The Church On The Way)를 두고 하시는 말씀임을 예리하게 알아챘다. 하나님이 내 귀에 말씀하셨지만 너무나 분명한 음성이었기에, 나는 마침내 침묵을 깨고 하나님이 하신 말씀을 청중에게 그대로 전했다.

그다음 성령은 하나님과 생생한 만남을 체험한 사람들이 청중과 그 체험을 나눌 수 있게 하라고 인도하셨다. 많은 사람이 의미 있는 간증을 나누었다. 모두 깊이 있는 내용이었다. 이 이야기만 모아도 새로이 한 장이 될 것이다. 많은 사람이 이날 있었던 일이 진정으로 삶을 변하게 하는 체험이었다고 말했다. 왕께 모든 영광을 돌린다. 그 수련회에 참석했던 어떤 사람이 내게 다음 간증을 우편으로 보냈다.

조이 자매님께,

빅 베어(Big Bear)에서 열린 독신들을 위한 수련회에 참석해 자매님의 강의를 듣게 되어 참으로 기뻤습니다. 저는 우리 안에 오신 주님의 임재에 경외심으로 가득 찼습니다. 하나님이 임하시자 저는 압도적으로 크신 하나님과 그분의 능력을 느끼고서, '저는 준비되지도 않았고 하나님이 그러실 만한 가치도 없습니다' 하고 생각했어요. 그러고서 곧 압도적인 느낌이 사라지자 저는, '그분이 작아지셨구나' 하고 생각했습니다. 그런데 그때 그분이 제 발을 씻기신다는 사실을 깨달았습니다.

하나님은 받침돌 위에 올리는 것처럼 저를 들어 올리시며, 발끝부터 머리까지 죽 훑어보셨습니다. 그 시선 속에 저는 씻기고, 영광으로 덮였습니다. 머리 꼭대기까지 보셨을 때 하나님은 마치 어린아이에게 하는 것처럼 제 머리를 쓰다듬고 이마에 입 맞추셨습니다. 꼭 "이 딸은 준비되었다" 하고 말씀하시듯 저를 돌려 세상을 향하게 하셨습니다.

저는 제단 앞의 신부가 받는 사랑을 느꼈습니다. 너무나 큰 사랑에 그저 미소만 지었답니다. 그분이 제게 주신 것은 "그러므로 내가 너를 정죄하지 않으니 정죄함이란 없다"라는 말씀이었습니다. 이 체험이 제게만 있었는지 다른 사람에게도 있었는지 모르지만 이 이야기를 자매님께 말씀드리고 싶었습니다.

나는 이런 종류의 모임에 여러 번 참여했다. 그래서 이 경험들이 얼마나 놀라운지 이야기할 수 있다. 사실 내가 경험했던 가장 깊은 성령님의 임재는 언제나, 구속과 제한 없이 하나님이 역사하시도록 충분히 시간을 드릴 때 일어났다.

그리스도의 몸은 하나님을 경외하는 것이 무엇인지 잘 이해하지 못한다. 또 하나님의 임재 앞에서 떠는 것이 무엇을 의미하는지 경험하지 못한다. 우리가 침묵하며 예배에 집중하는 훈련이 안 돼 있기 때문이 아닐까? 나는 요한계시록에 나온 것처럼 하늘에서 드리는 30분 동안의 침묵 예배가 어떤 것인지, 경외와 놀라움 가운데 묵상한다. 우리가 의식과 전통에 묶여 있으면, 하나님이 더 깊은 차원에서 우리 위에 성령을 쏟아 부으시려 해도 제한이 있을 수밖에 없다.

하나님은 자기 백성에게 훨씬 더 멋진 방법으로 나타나길 간절히 원하신다. 그러나 그분은 무심한 사람에게는 나타나지 않으신다. 그분을 부지런히 찾고 구하는 자들에게 드러나신다. 영적 지도자들이 '그저 그런 교회'에 만족한다면 우리는 늘 그저 그런 방법으로만 얻을 것이다. 나는 《삶을 변화시키는 하나님의 불》(예수전도단 역간)이라는 책에서 편한 자리를 벗어나 진정으로 하나님이 통치하시는 곳에 들어갈 방법을 소개했다.

하나님이 말씀하셨기 때문에 순종하는 것도 중요하지만, 더욱 중요한 것은 그분이 바로 하나님이시기 때문에 순종하는 것이다. 하나님은 이것을 시험해 보시려고 이따금 비합리적이고 비논리적으로 보이는 이상한 일을 하라고 말씀하신다. 다음 장에서는 그러한 상황에서도 온전히 순종하는 법을 살펴보자.

2

하나님께 순종함

하나님을 경외하는 것은 순종과 직접적인 관련이 있다. 아브라함이 여호와의 음성을 듣고 순종하여 아들 이삭을 죽이려는 순간, 천사가 아브라함에게 말하였다. "네가 네 아들 네 독자까지도 내게 아끼지 아니하였으니 내가 이제야 네가 하나님을 경외하는 줄을 아노라"(창 22:12).

나는 가끔 이런 간증을 듣는다. "하나님께서 내게 말씀하셨습니다. 그러나 나는 순종하지 않았습니다. 하나님이 다시 말씀하셨으나 여전히 순종하지 않았습니다." 또는 "일주일 후에 혹은 일 년 뒤에 하나님은 다시 찾아오셔서 말씀하셨습니다. 그런데도 계속해서 순종하지 않았습니다." 또 이런 간증도 있다. "일주일 동안 하나님과 씨름한 끝에 결국 굴복하고 말았습니다. '좋습니다, 하나님! 제가 순종하도록 하지요' 하고 말하면서요."

이런 간증은 하나님을 경외하는 마음이 부족하다는 사실을 단적으로 보여 준다.

다시스로 가는 배에서 선원들이 요나에게 직업과 출신, 국적을 물어보았다. 그때 요나는 이렇게 대답하였다. "나는 히브리 사람이요 바다와 육지를 지으신 하늘의 하나님 여호와를 경외하는 자로라"(욘 1:9). 그렇지만 요나에게는 분명히 하나님을 경외하는 마음이 부족했다. 니느웨로 가라는 하나님 말씀에 불순종하고 의도적으로 다른 방향으로 갔기 때문이다.

그런데 요나가 자신의 불순종 때문에 하나님이 무시무시한 폭풍을 일으키셨다는 사실을 고백하자 선원들은 참으로 여호와를 두려워하게 되었다. 사람들은 요나를 바다에 던지기 직전에 여호와께 부르짖었다. "여호와여 구하고 구하오니 이 사람의 생명 때문에 우리를 멸망시키지 마옵소서 무죄한 피를 우리에게 돌리지 마옵소서 주 여호와께서는 주의 뜻대로 행하심이니이다"(14절). 그런데 요나를 바다에 던지고 나서 바다가 잠잠해지자, 사람들은 여호와를 크게 두려워하여 여호와께 제물을 드리고 서원하였다(16절).

이렇게 끔찍한 일을 경험한 요나는 불순종이 순종보다 훨씬 더 어려운 일이라는 점을 배웠다. 순종이 아무리 어렵다 해도 불순종으로 빚어지는 결과에 비하면 아무것도 아니다. 하나님은 우리가 순종할 수 있도록 은혜를 베푸시므로 순종하려고만

한다면 우리는 언제나 그분의 은혜를 누릴 수 있다. 하지만 불순종할 때는 하나님의 심판을 면치 못할 것이다.

요나가 물고기 배 속에서 회개하고 나서야 하나님은 그를 구원해 주셨다. 그 후 요나는 하나님 말씀을 전하러 니느웨에 감으로써 하나님을 경외하는 마음을 보였다.

우리는 모두 죄를 회개하고 나서 시편 130편 3-4절을 체험했을 것이다. "여호와여 주께서 죄악을 지켜보실진대 주여 누가 서리이까 그러나 사유하심이 주께 있음은 주를 경외하게 하심이니이다."

말씀으로 하나님의 성품을 면밀히 연구하면 할수록 우리는 더욱더 그분을 풍성하게 알 수 있다. 또 하나님의 의로우심과 신실하심, 지혜와 사랑을 깊이 깨달으면 깨달을수록 순종이 더욱 수월해진다.

하나님을 경외하는 삶이란 하나님께 즉시, 기쁘게, 온전히 순종함을 말한다. 이것이 성경적 순종이다. 그 외의 모든 것은 불순종이다. 미적미적하며 뒤늦게 순종하는 것은 불순종이며, 부분적 순종도 불순종이다. 하나님이 시키신 일을 투덜대거나 불평하는 마음으로 행하는 것도 불순종이다.

당신과 내가 하나님께 순종할 수 있는 가장 큰 두 가지 동기가 무엇인지 아는가? 하나는 하나님이 진정으로 어떤 분이신지 아는 지식이고, 다른 하나는 하나님을 경외하는 마음이다. 이

둘은 항상 붙어 있다.

　머지않아 우리는 예수님을 처음으로 대면하는 순간을 맞을 것이다. 눈부신 아름다움과 장엄한 광채, 빛나는 영광, 불꽃같이 타오르는 순결함, 측량할 수 없을 만큼 깊은 사랑을 품으신 예수님을 뵐 것이다. 지혜와 지식이 한량없으신 그분의 눈을 응시할 때 감탄을 금치 못하리라.

　그때 우리는 둘 중 한 가지 반응을 하게 될 것이다. 만일 이 세상에 사는 동안, 예수님이 우리에게 친히 나타나시리라 믿고 간절한 마음으로 말씀을 통해 예수님을 바라보지 않았다면, 예수님의 얼굴을 뵙는 순간 충격에 빠져, "오, 주님! 당신이 이런 분이셨군요!" 하고 외칠 것이다. 예수님을 진정으로 알지 못했기 때문이다.

　또 다른 반응은 바로 이것이다. "오! 주님, 이런 분이신 줄 알았습니다. 사실 저는 별로 놀라지 않았습니다. 예수님이 친히 제게 그 아름다운 모습과 영광을 보여 주셨으니까요. 주님을 알고자 부지런히 찾았던 저에게 주님을 계시해 주심으로 응답하셨습니다. 또 주님과 함께하고픈 열망을 제 마음에 부어 주셨기에 저는 새로워졌습니다. 이미 저는 주님이 어떤 분인지 알고 있었지만, 주님은 제가 알던 것보다 훨씬 더 크신 분입니다!"

　과연 그때가 되면 우리는 이런 반응을 보일 수 있을까? 모세라면 그리 큰 충격을 받지 않을 것이다. 이 세상에서 하나님과 함께 가장 많은 시간을 보낸 사람이기 때문이다. 하나님! 놀랍고 찬란하며 황홀하고도 경이롭고, 아름다우며 오묘하고 고귀하며 온화하신 하나님! 산에 올라가 하나님과 함께하기 위해 은혜가 필요했다면 산에서 내려와 사람들과 함께 지내기 위해서는 그보다 더 큰 은혜가 필요했다.

십대 소녀 시절, 난 이런 노래를 불렀다. "한없이 부드럽고 절대적으로 진실하신 하나님 모든 것을 아시네. 바로 너를 아시네. 무한한 그 사랑, 고귀한 그 사랑, 하나님 우리 아버지, 두려울 게 뭐가 있으랴!"

당신은 바로 그 하나님을 아는가? 알고자 한다면 시간을 내서 부지런히 하나님을 찾으라. 하나님은 "자기를 찾는 자들에게 상 주시는 이"(히 11:6)시다. 성경을 읽을 때 사람들에게 말씀을 전하려고 읽는가, 아니면 성경의 저자를 간절히 알려는 마음으로 읽는가? 우리가 하나님의 빛나는 영광과 장엄한 광채, 경이로운 그분의 거룩함을 경험하는 순간, 하나님께 즉시, 기쁘게, 온전히 순종하고 싶은 마음이 물밀듯 밀려올 것이다. 하나님께 순종하지 않으려는 터무니없는 생각은 일어나지도 않을 것이다.

하나님은 우리가 '무엇'을 해야 하는지에 집중하기보다 우리에게 말씀하시는 분이 '누구'이신지 알기 원하신다. 우리가 '누구'보다 '무엇'에 집중한다면, 그것은 근본적으로 잘못이다.

예수님은 죽은 자를 살리는 사역을 어린아이를 축복하는 사역보다 더 중요하게 생각하신 적이 없다. 또 어떠한 경우에도 종파를 나누신 적이 없다. 예수님은 하나님 아버지의 아들로 그분이 명하신 것을 수행하는 기쁨을 누리셨다. 아버지의 뜻에 순종하기를 가장 중요하게 생각하신 것이다.

때때로 하나님은 왜 해야 하는지 알 수 없는 일을 하라고 명하셔서 우리를 시험하신다. 왜 꼭 그 일을 해야 하는지 이해해야만 하는가? 그렇지 않다. 다만 말씀하시는 분이 누구인지, 그분이 어떠한 분인지 알기만 하면 된다. 왜 순종해야 하는지는 우리가 따르는 그분이 다 알고 계신다. 그분은 무한한 지식과 지혜로 모든 것을 다 아신다. 따라서 제한된 지식과 지혜밖에 없는 우리는 그냥 하나님께 순종하는 편이 더 낫다.

아브라함에게 이삭을 제단에 바칠 수 없는 이유를 대라고 했다면 인간적인 마음으로는 책 한 권쯤은 충분히 썼을 것이다. 그러나 아브라함은 하나밖에 없는 아들을 사랑하는 마음보다 하나님께 불순종하는 죄를 미워하는 마음이 더 강했다. 결국 아브라함은 시험을 이겨 냈다. 아브라함의 순종을 통해 우리는 하나님을 경외함이 그의 생활 속에 깊이 뿌리내렸음을 알 수 있다. 아브라함은 하나님이 이삭을 죽은 자 가운데서 일으키시리라 믿음으로써 하나님이 약속을 온전히 이루시는 분이라는 사실을 보여 준 믿음의 조상이 되었다(히 11:19).

스위스 로잔에서 열리는 예수전도단 전도학교(Youth With a

Mission's School of Evangelism)에서 매일 두 번씩 강의하던 어느 날 오후, 나는 몇 가지 물건을 사려고 시내 백화점에 나갔다. 옷을 고르려고 나간 것은 아니었지만 할인 판매하는 옷을 펼쳐 놓은 커다란 진열대가 눈에 띄었다. 나는 곧 값도 적당하고 내게 꼭 맞는, 고급스럽고 산뜻한 옷을 발견했다. 이미 나에게 그것과 비슷한 유명 제품의 새 옷이 있다는 생각이 들었다. 게다가 계속해서 여러 나라를 여행해야 했고 가방 무게도 이미 초과된 상태였다. 그런데 한번 입어 보고 싶은 충동이 강하게 일어났다. 그래서 탈의실에 들어가 입어 보았다. 옷은 내게 꼭 맞았다. 그 옷이 마음에 들었다. 그러나 그 옷을 산다는 것은 어리석은 짓이었다. 그 옷이 필요하지 않을뿐더러 옷을 살 만한 돈도 없었다.

오래전부터 나는 생활의 크고 작은 일을 주님께 먼저 여쭈어야 한다고 배웠다. 또 어떤 행동을 하든지 주님께 순종해야 한다는 사실을 잘 알았다. 그래서 천천히 그리고 신중하게 잠언 3장 5절의 "네 명철을 의지하지 말라"는 말씀과 28장 26절의 "자기의 마음을 믿는 자는 미련한 자요"라는 말씀, 그리고 누가복음 22장 42절의 "내 원대로 마시옵고 아버지의 원대로 되기를 원하나이다"라는 말씀을 붙들고 모든 인간적인 이성과 욕망과 내가 원하는 대로 행하려고 하는 마음을 내려놓았다.

그리고서 야고보서 4장 7절의 "마귀를 대적하라 그리하면 너희를 피하리라"는 말씀에 따라 주 예수 그리스도의 이름으로 사탄과 악의 세력들을 제압하고 대적하여 잠잠하게 하였다. 이제 그것들은 내게 아무 말도 할 수 없게 되었다.

그 후에 나는 요한복음 10장 3-4절과 27절의 "양은 그의 음성을 듣고 그의 음성을 알며 그를 따른다"는 말씀과 시편 32편 8절의 "내가 네 갈 길을 가르쳐 보이고 너를 주목하여 훈계하리로다"라는 말씀을 믿고서 먼저 하나님께 감사드렸다. 이제 주님이 어떻게 말씀하실지 기다릴 차례였다.

곧이어 아주 분명하게 하나님은 그 옷을 사라고 거듭해서 말씀하셨다. 그때 내가 하나님께 말씀드린 내용을 지금도 생생히 기억한다. "제 속에 하나님을 경외하는 마음이 있습니다. 주님께 순종합니다." 나는 그 옷을 샀다.

이틀이 지나고서 주님께 여쭈어 보았다. "주님, 저는 주님이 그 옷을 사라고 하신 명령에 순종했습니다. 하지만 아직도 이번 여행에 똑같은 옷을 두 벌씩이나 갖게 하신 이유를 이해할 수 없습니다. 주님, 제가 이해할 수 있게 해주십시오."

그때 주님은 "원래 네게 있던 새 옷을 한 학생에게 주고 이번에 산 옷을 네가 입어라" 하고 말씀하셨다. 하나님이 나를 다른 사람의 필요를 채우기 위한 통로로 쓰신다는 생각에 가슴이 두근거렸다. 그러나 전도학교에는 많은 학생이 있었기 때문에 이 옷이 필요한 사람이 누구인지 알 수가 없었다. 누구에게 줘야 하는지 하나님께 여쭙자 하나님은 한 자매의 얼굴을 떠오르게 해주셨다. 그러나 난 그 자매의 이름을 몰랐다. 또다시 기도했다. "이 느낌이 틀림없다면 어떤 방법으로든 제가 그것을 확인할 수 있게 해주십시오."

그날은 토요일 아침이었고 학생들은 대부분 주말을 보내려고 나가고 없었다. 잠시 후 방문을 두드리는 소리가 들렸다. 문 앞에는 기도할 때 떠올랐던 그 학생이 서 있었다. 그 자매는 나를 방해한 것이 미안했는지 겸연쩍어하며 말을 꺼냈다. "도저히 이해할 수는 없지만 주님이 제게 말씀하셨다고 믿기 때문에 이렇게 찾아왔어요. 제가 몇 달 전에 만든 조그마한 책갈피를 선생님께 드리라고 주님이 말씀하셨거든요. 주님이 왜 이렇게 말씀하셨는지 모르겠지만 주님께 순종하고 싶어요."

그 자매에겐 분명히 하나님을 경외하는 마음이 있었다. 나는 이렇게 말했다. "들어와요. 나는 자매가 여기 온 이유를 알고 있어요. 자매가 깜짝 놀랄 만한 이야기가 있어요."

이야기를 마치고 나서 자매가 옷을 입어 보았는데 꼭 맞았다. 우리는 기쁨을 감추지 못하고 소리를 질렀다! 그 자매는 자기 이야기를 들려주었다.

나는 지난 일주일 동안 하나님을 경외하는 마음과 순종하는 생활, 그리고 하나님을 알려면 전심으로 그분을 찾아야 한다고 가르쳤다. 그리고 그 자매는 주말을 보내면서 이제까지 배운 내용을 적용해 보기로 결심했다.

　자매는 성경을 읽으며 하나님의 뜻을 구하였다. 그때 머릿속에 불현듯 새 옷이 필요하다는 생각이 떠올랐다. 그러나 옷을 살 돈이 없었으므로 그 생각을 지워 버리고는, 다른 무엇보다도 하나님을 가장 알기 원한다고 기도하였다. 그러고서 "하나님, 제게 더 하실 말씀이 있으십니까?" 하고 여쭈었다. 그러자 마태복음 6장 25절 말씀이 떠올랐다. 자매는 그 말씀이 무엇인지 기억할 수 없었기에 곧 성경을 찾아보았다. 그것은 우리가 먼저 하나님 나라와 그 의를 구하면 먹을 것과 입을 것을 주시겠다고 예수님이 설교하신 말씀이었다. 자매는 말씀으로 하나님과 직접 친밀한 대화를 나누었음에 감사하며 하나님을 찬양하였다.

　시간이 조금 흐르고 나서 자매는 하나님께 또 하실 말씀이 있는지 여쭈었다. 그러자 그 즉시 하나님이 마음속에 한 말씀을 주셨다. 누가복음 12장 28절이었다. 자매는 성경을 찾아보았다. "오늘 있다가 내일 아궁이에 던져지는 들풀도 하나님이 이렇게 입히시거든 하물며 너희일까보냐 믿음이 작은 자들아!" 자매는 계속해서 31절을 읽어 내려갔다. "다만 너희는 그의 나라를 구하라 그리하면 이런 것들을 너희에게 더하시리라." 자매는 계속해서 말씀을 읽으면서 기도하고 찬양했다. 그다음에 하나님은 나를 찾아가서 자신에게 있는 책갈피를 주라고 하셨다. 그래서 자매는 영문도 모른 채 나를 찾아왔다.

책갈피에는 그 자매가 적어 놓은 두 개의 성경구절이 있었다. 그 구절을 읽는 순간 나는 비로소 하나님이 왜 그 자매를 나에게 보내셨는지 그 이유를 깨달았다. 나는 당시 하나님의 부르심에 따라 여러 나라를 돌며 말씀을 가르쳤다. 3개월 반이나 집과 아이들을 떠나 있던 나에게 이 말씀은 크나큰 위로가 되었다. 그것은 고린도전서 15장 58절의 "견실하며 흔들리지 말고 항상 주의 일에 더욱 힘쓰는 자들이 되라 이는 너희 수고가 주 안에서 헛되지 않은 줄 앎이라"는 말씀과 데살로니가전서 5장 24절의 "너희를 부르시는 이는 미쁘시니 그가 또한 이루시리라"는 말씀이었다.

이 예화는 일상에서 있었던 일이다. 하지만 자녀에게 하나님을 경외하는 마음이 있는지 알아보시려고 하나님이 친히 의도하신 일이었다.

하나님을 경외하는 마음이 있다면, 우리는 순종할 수 있다. 그러나 그러한 마음이 없으면 자기 일에만 집중하게 되어, 하나님과 가슴 설레는 친밀한 관계를 맺을 수 없고 그에 따른 축복도 놓치게 된다.

그 전도학교에 참석했던 학생 중 한 명은 그 후 성경 교사가 되어 하나님을 경외하는 마음을 가르친다. 또 그 친구는 자녀에게 경외하는 마음을 가르치면서 놀라운 체험을 했다. 그는 나에게 간증을 적은 편지를 보냈다(여기에서는 가명을 사용했다).

주님은 저를 인도하셔서 국제기독교학교(International Christian School)에 다니는 학생들의 부모에게 '하나님을 경외하는 마음'에 대해 강의하게 하셨습니다. 그런데 말씀을 전하면서 깨달은 점은 모든 부모가 자녀에게 가르치고 싶어 하는 것이 모두 하나님을 경외하는 삶의 열매라는 점이었습니다. 즉, 온전한 순종, 진실된 삶, 짜증 부리거나 불평하지 않는 생활, 사람을 두려워하지 않기, 그리고 관계 속에서 잘 대응하는 열매 말입니다.

다음 날 아침 가정예배를 드리는 시간에, 저는 제 아이들이 하나님을 경외하는 사람이 되게 해 달라고 기도했습니다. 하나님이 죄를 미워하시는 것처럼 아이들이 죄를 미워하고, 진실을 이야기하지 않는 죄를 미워하며, 불순종과 짜증 부림과 원망하는 죄를 미워하게 해 달라고 기도했습니다. 2주 동안 매일 아침 그렇게 기도했지요.

제가 집을 떠나 있으면 아내 케이는 말썽꾸러기 아이들에게 시달렸습니다. 그래서 아내는 공항으로 저를 마중 나올 때마다 늘 부정적인 이야기를 했습니다. 그런데 2주 후 저는 또다시 여행을 떠나게 되었습니다. 떠나기 전에 아이들을 무릎에 앉히고 물어보았습니다. "아빠가 집에 없는 동안 너희에게 바라는 게 뭔지 아니?" "물론 엄마 말씀 잘 듣는 것이죠!" 아이들이 대답했습니다. "그럼, 엄마에게 가서 약속해라." 제가 다시 말하자 아이들은 그렇게 했습니다. 저는 또 이렇게 말했습니다. "자, 이제 주님께 기도하렴. '아빠가 안 계신 동안 저희는 엄마 말씀 잘 듣기로 약속했어요. 만약 우리가 약속을 지키지 않을 때는 주님이 우리를 혼내셔도 좋아요!'" 그러자 여덟 살 난 그레그가 재빨리 대답했습니다. "말도 안 돼요!"

저는 아이가 하나님을 경외하는 마음을 배우고 있다는 것을 깨닫고 무척 기뻤습니다. 적어도 아이는 거짓말을 하고 싶지 않았던 것입니다. 몇 분 동안 이야기를 나누고 독려한 끝에 그레그와 네 살짜리 동생 브라이언은 그렇게 하기로 약속했습니다.

3주 동안 사역을 마치고 돌아왔을 때, 아내와 아이들은 이제까지 제가 없는 동안 그렇게 기분 좋게 지낸 적이 없었다고 했습니다. 어느 날엔 아내가 병이 났는데 브라이언이 온종일 엄마를 돌봐 주겠다고 약속하더니 그대로 했답니다.

저는 다시 3주 동안 매일 그 기도를 했습니다. 그리고 또다시 3주 동안의 여행길에 올랐습니다. 제가 돌아왔을 때는 이보다 훨씬 더 기분 좋은 이야기를 듣게 되었습니다! 이렇게 해서 하나님을 경외하는 마음을 구하는 기도는 우리 가정예배의 일부가 되었습니다. 심지어 아이들은 저의 기도에 동의하는 의미로 자기 머리에 얹은 제 손 위에 손을 얹기까지 한답니다.

어느 날 아침 동일한 기도를 하고 있는데 브라이언이 기도하는 소리를 들었습니다. "사랑하는 예수님, 예수님이 죄를 미워하시는 것처럼 우리 아빠도 죄를 미워할 수 있도록 하나님을 경외하는 마음을 가르쳐 주세요."

놀라우신 주님을 찬양합니다!

우리는 이렇게 생각하고 있을지도 모른다. '사람이 많은 곳에서 하나님을 경외하는 마음을 나타내기란 여간 어려운 게 아니야. 하나님과 단둘이 있다면 모를까.'

그러나 하나님은 우리가 진정 누구에게 인정받으려고 사는지 보기 원하신다. 하나님인가, 아니면 사람인가?

1970년대와 80년대 초에 나는 하나님의 인도로 로렌 커닝햄(Loren Cunningham)과 캠벨 맥알파인(Campbell McAlpine)과 한 팀이 되어 미국 전역에서 개최된 영적 리더십 집회에서 말씀을 전했다. 당시 우리는 테네시 주 차타누가에 있었다. 우리는 예전에 그랬던 대로 집회 하루 전에 온종일, 또 집회하는 동안 하나님께서 강하게 역사하시도록 기도했다.

바로 그 주일 저녁, 우리는 성령의 인도를 받아 조지아 주 국제 예수전도단 본부에 전화를 걸었다. 그리고 그곳 간사들과 제자훈련학교 학생들에게 다음 날 이곳에서 열리는 집회에 참석해 줄 수 없겠느냐고 말했다. 놀랍게도, 간사와 학생들은 우리가 거의 집회 시작 직전에 던진 제의를 받아들였다. 이들은 다음 날 저녁 집회 시간에 맞춰 도착했다.

하나님을 경외함을 주제로 말씀을 전하고 나서, 제자훈련학교의 한 젊은 흑인 남성이 나를 찾아와 따로 이야기하고 싶다고 했다. 그는 여자에 관한 불순한 생각 때문에 어려움을 겪고 있었으며, 하나님께 그것을 극복할 수 있게 도와 달라고 했다.

하나님은 생생한 꿈으로 그에게 응답하셨다. 그는 꿈속에서 내가 긴 흰 옷을 입고 청중에게 말하는 모습을 보았다. 또 하나님이 "이 사람이 네게 도움을 줄 것이다"라고 분명히 말씀하셨다고 한다. 그전에 나를 만난 적도 없고, 만나는 방법도 몰랐던 그는, 내가 말씀을 전하러 일어났을 때 꿈속에서 본 그 사람임을 알아챘다고 한다. 그러고서 하나님의 신실하심과 역사하심에 경탄을 금치 못하며 자신이 드린 기도가 응답받았다고 확신했다. 나는 이 책에 나눈 진리를 가르쳐 주었다.

그 집회에서 하나님을 경외함에 관해 여러 차례 말씀을 전했다. 처음 20분 동안 세 가지 사항을 전하고 나서 나는, "하나님이 우리가 그분께 순종하는지 보려고 특별한 방법으로 우리를 시험하실 때도 있습니다"라고 말했다. 그리고 그 즉시 성령이 나에게 '더 가르치지 말고 앉으라'고 하셨다. 나는 내가 들은 말씀을 회중에게 전달하고는 말 한마디 없이 자리에 앉았다.

사회자가 일어나 별로 중요하지 않은 말을 몇 마디 하고 앉았다. 그러고서 로렌 커닝햄 옆에 앉아 있던 영국의 저명한 성경 교사, 캠벨 맥알파인이 자리에서 일어나 앞으로 걸어 나왔다. 그는 성령에 순종하여, 내가 막 나눈 사항을 회중이 적용할 수 있도록 인도했다.

캠벨은 사람들에게 순전한 정직함으로 내가 전했던 가르침대로 살지 못한 부분을 하나님 앞에서 회개하라고 촉구했다. 그리고 성령이 이끄시는 대로 깨달은 죄가 있다면 공개적으로 나누라고 했다. 그다음 한 시간이 넘도록 많은 영적 지도자가 일어나 방금 하나님이 알게 하신 부분, 즉 하나님을 경외하지 않고 산 부분을 시인했다. 그리고 진정으로 그분 앞에서 깨어졌다. 많은 사람이 눈물을 흘렸고 어떤 사람은 깊이 회개하며 땅바닥에 엎드러졌다. 성령이 충만히 그 장소에 임하셔서 우리의 삶을 변화시키셨다.

우리가 하나님을 진정으로 경외할 때 그분이 누구신지 깨달을 것이다. 그리고 그분이 누구신지 알면, 그분께 즉시, 전적으로, 기쁘게 순종할 것이다. 우리는 우리 행동에 대한 사람들의 반응에 감동하지 않는다. 오직 하나님의 반응에만 감동할 뿐이다.

나는 그날, 하나님이 내게 주신 단순한 지시에 순종하며 이렇게 생각했다. '이 집회는 주님의 집회이지 제 집회가 아닙니다. 이들은 주님의 백성이지 제 백성이 아닙니다. 이것은 주님의 안건이지 제 안건이 아닙니다. 이것은 주님의 진리이지 제 진리가 아닙니다. 이것은 주님의 지시이지 제 지시가 아닙니다. 그러므로 이 모든 영광은 주님 것입니다. 모든 책임도 주님께 있습니다.' 나는 완전한 평온 속에 앉아 하나님이 내 눈 앞에서 행하시는 위대한 일을 지켜보았다.

다음 날도 나는 계속해서 이 책에 있는 진리를 가르쳤으며 하나님은 더 놀랍게 역사하셨다. 내가 한 시간가량 사람들을 가르쳤을 때 캠벨 맥알파인이 또 나와 마이크를 잡았다. 어떤 인상을 받았는데 그것을 로렌 커닝햄에게 검증받으려 했다고 한다. 로렌 커닝햄은 먼저 하나님께 구하고서 그것이 성령님이 주신 것임을 확증했다.

캠벨은 그날 아침 묵상 시간에 베다니의 마리아가 예수님께 비싼 향유를 쏟아 부은 구절을 읽었다. 그런데 마리아가 향유를 부은 즉시, 유다가 여인의 헌신된 행위를 비판한 장면이 눈에 들어왔다고 한다. 유다는 하나님이 그분을 경외함이 무엇인지 가르치시려고 전달자로 세우신 여인을 여자라는 이유로 비판했다. 성령은 그 '유다'가 이 집회에 있음을 알게 하셨다.

캠벨은 여호와를 경외하는 거룩한 마음에서 흘러나오는 영적 권위를 발휘하며 계속해서 말했다. "그 사람이 누구든 일어나서 자신이 유다라고 공개적으로 시인하십시오. 회개하면 하나님의 자비가 당신에게 흘러가도록 기도하겠습니다." 그곳은 온통 침묵에 휩싸였다. 깃털 하나가 벨벳 방석에 떨어지는 소리도 들릴 정도였다. 하나님을 두려워하는 마음이 손에 만져질 듯 뚜렷하게 느껴졌다.

두려운 침묵이 계속되었다. 아주 오랫동안! 캠벨은 시작하신 분이 하나님이시니 완성하시는 분도 하나님이시라는 믿음으로 계속 서 있었다. 적어도 10분, 아니 그 이상의 시간이 흘렀던 것 같다.

마침내 교회에서 매우 존경받는다는 집사님(장로님일 수도 있다) 한 분이 일어났다. 그 집사님은 외모도 준수하고 옷도 잘 입고 다녀서 사람들의 호감을 샀다. 그리고 높은 수준의 교육을 받고 지금 변호사로 활약하고 있다고 했다. 그런 그가, "제가 유다입니다. 저는 제 창자가 빠져나오기를 원치 않습니다"라고 큰 소리로 고백했다. 성령이 주시는 찔림에 계속 저항했다고 말했다. 그 이유는 내가 나누었던 진리, 특히 시편 34편 11-13절에서 말하는 높은 기준 때문이라고 했다. 나는 하나님을 경외함에 있어 가장 중요한 진리가 "네 입술을 거짓말에서 금할지어다"라고 거듭 말했다. 이 말씀은 우리가 100% 진리만을, 확실한 상황에서만 말해야 한다는 뜻이다. 그리고 나는 그 진리를 일상에서 사람들과 대화할 때 어떻게 적용할 수 있는지 몇몇 예를 들었다(그 예는 17장에 기술했다).

그 집사님은 하나님과 나에게 순종하지 않으려 했던 행동을 회개했다. 그리고 하나님과 사람 앞에서 자신을 낮추었다. 공개적으로 내게 용서를 구했으며, 나 역시 집사님을 완전히 용서했다. 캠벨은 하나님의 자비가 그 집사님에게 흘러가도록 기도했다. 모든 회중이 그를 향해 마음과 손을 뻗어, 열정과 믿음으로 기도했다.

역사적인 집회의 마지막 날, 겸손한 그 집사님이 나에게 찾아와 자신이 진심으로 회개했음을 보여 주었다. 그는 변호사로서 다시는 완전한 진리가 아닌 말은 하지 않겠다고, 나를 이 땅의 증인으로 삼아 하나님께 서원했다. 이렇게 하면 변호사로서의 성공은 보장받지 못한다. 자칫 자신의 생계 수단을 잃을 수도 있다. 그에게는 부양할 아내와 여러 자녀가 있었다.

변호사라면 어떤 상황에서든지 자기 의뢰인을 변호하게 되어 있다. 의뢰인이 진실을 말하는지 거짓을 말하는지는 상관없다. 나는 그에게 손을 얹고 여호와를 경외하는 마음, 곧 거짓말하는 죄(잠 8:13)를 미워하는 마음으로 가득 차게 해 달라고 믿음으로 기도했다. 그때 그의 안에 여호와를 경외하는 마음이 가득 채워졌다. 우리 둘 다 하나님의 임재를 아주 강하게 느꼈다. 나는 절대 그 순간을 잊지 못할 것이다.

수년 후, 그 집회의 사회자가 차타누가의 주요 신문 한 면을 장식한 기사를 내게 보냈다. 기사의 주제는 온통 그 변호사의 명예를 높이는 내용이었다. 그는 막 판사로 임명된 터였다.

> 자기의 죄를 숨기는 자는 형통하지 못하나 죄를 자복하고 버리는 자는 불쌍히 여김을 받으리라(잠 28:13).

> 그러므로 하나님의 능하신 손 아래에서 겸손하라 때가 되면 너희를 높이시리라(벧전 5:6).

하나님을 경외하는 자는 이 모든 일에서 벗어날 것임이니라(전 7:18).

우리가 경외하는 대상은 하나님인가, 사람인가? 하나님은 이 질문에 어떻게 응답하는지 보시려고 우리를 낯설고 힘겨운 상황 가운데 두신다. 이 내용을 다음 장에서 더 자세히 살펴보자. 별로 힘들이지 않고 여유 있게 미소 지으며, 어려움을 극복할 비결을 배우게 될 것이다.

3

사람을 두려워하지 않기

하나님을 경외함은 사람을 두려워하는 마음에서 벗어날 수 있는 유일한 방법이다.

정직한 사람이라면 어느 때부터인가 사람을 두려워하게 되었다고 시인한다. 이러한 사실은 사람을 두려워하면 올무에 걸리게 된다는 잠언 29장 25절 말씀을 자연스럽게 입증한다.

사람을 두려워한다는 것은 어떠한 행동을 할 때 하나님의 반응보다 사람의 반응을 더 의식하는 것을 말한다. 이 두려움은 올무가 된다. 우리에게 하나님을 경외하는 마음이 있다면, 오직 하나님의 반응만 의식할 것이다. 하나님을 경외하면 다른 사람이 어떻게 생각할까 하는 염려에서 자유로워진다. 그것은 자유와 해방감과 안도감을 준다!

사람을 두려워하지 않는 것이 하루아침에 되는 일은 아니지만, 우리 삶에서 반드시 이루어져야 할 일임에는 틀림없다! 한 가지 좋은 방법은 늘 다음과 같은 짤막한 기도를 드리는 것이다. "사람들이 어떻게 생각하는지 알지만 하나님의 생각은 어떻습니까?" 그리고 결과를 따지지 않고 그분이 주신 말씀을 따라 행동하면 된다. 하나님을 의식할수록 자신을 의식하는 일이 줄어든다. 매 순간 하나님의 인정을 구하는 데 온 마음을 쏟는다면 그분은 우리를 자유하게 하실 것이다. 또 우리가 하나님의 권세로 일하는 데 더욱더 큰 담력을 얻게 하실 것이다.

하나님은 이따금 우리가 사람을 두려워하는지 하나님을 경외하는지 시험하신다. 그러나 하나님은 경외하는 마음에 갈급한 정도, 그것을 얼마나 경험했는지, 그리고 그분의 성품을 얼마나 아는지에 따라 우리를 시험하신다. 무한한 지혜를 소유하신 하나님은 우리가 감당할 수 있는 시험만 주신다. 즉, 하나님은 의로우시고 온유하시며 지혜로우시고 한결같이 신실하신 분이어서 우리에게 알맞은 시험이 무엇인지 잘 아신다. 처음에는 작은 일로 시험하시지만, 우리가 계속 하나님을 경외하는 마음으로 사는 법을 배우면 우리를 단련하시려고 점차 더 큰 시련을 허락하신다.

나는 지난 수년 동안 하나님을 경외하는 마음에 대한 여러 가지 시험을 거쳐 왔는데 하나님은 특별히 다음과 같은 경험을 허락하셨다.

1980년 8월, 텍사스 주 댈러스에 있는 Christ For The Nations 신학원의 수양회에서 일주일 동안 강의한 적이 있었다. 날마다 말씀을 전했고, 또 목요일 오후에는 댈러스 지역 방송에 출연해 두 시간이나 말씀을 가르쳤다. 목요일 저녁이 돼서야 비로소 오랜 시간 하나님께 기도할 수 있었다. 나는 다음 날 사람들에게 전하기 원하시는 말씀이 무엇인지 알려 달라고 기도했다. 그러나 결국 그날 밤 아무 말씀도 받지 못한 채 잠이 들고 말았다.

금요일 새벽에 몇 시간 동안 하나님께 다시 구했지만 하나님은 어떠한 말씀도 주시지 않았다. 모임은 오전 10시 45분으로 잡혀 있었다.

이사야 50장 10절이 여러 번 떠올랐지만 도저히 이해할 수 없었다. 그 말씀은 "너희 중에 여호와를 경외하며 그의 종의 목소리를 청종하는 자가 누구냐 흑암 중에 행하여 빛이 없는 자라도 여호와의 이름을 의뢰하며 자기 하나님께 의지할지어다" 라는 것이었다.

성경 말고는 아무런 강의안도 필요하지 않으리란 예감이 두 번이나 들었지만 나는 하나님이 주신 말씀을 가득 적은 공책을 가방에 넣고 집회 장소로 향했다.

집회 장소에 도착하자마자 나는 사회자인 프리다 린지에게 오랜 시간 하나님께 간절히 구하였으나 지금까지 아무런 말씀도 받지 못했다고 말했다. 하나님이 말씀하셔야만 비로소 내가 할 말이 있다! 사회자는 청중에게 이 같은 사실을 알리면서 조이 도우슨 안에 계신 주님을 온전히 신뢰한다고 상냥하게 말했다. 그리고서 하나님이 조이 도우슨에게 말씀을 주시도록 함께 기도하자며 여러 영적 지도자들을 강당으로 초청했다. 또한 청중에게 함께 일어나서 믿음으로 기도하자고 권유했다. 모든 사람이 다같이 기도했다. 나는 하나님이 예전에도 여러 번 그러하셨듯이 이번에도 나에게 전할 말씀을 주시리라 믿고 감사드리며 조용히 서 있었다.

사랑하는 자매 프리다가 기도를 마치고, 또 기도한 모든 사람이 강대상에서 내려가고 나서도 여전히 하늘에서는 침묵만 흘렀다. 5-10분 동안 그분의 신실하심을 묵상하며 홀로 서 있었다. 하나님을 경외하는 마음만을 생각하면서 말이다. 나는 성경말씀을 달라고 하나님께 청하였다. 그리고 성경을 열었을 때 이사야 50장 10절이 눈에 들어왔다. "너희 중에 여호와를 경외하며 그의 종의 목소리를 청종하는 자가 누구냐 흑암 중에 행하여 빛이 없는 자라도 여호와의 이름을 의뢰하며 자기 하나님께 의지할지어다." 그제야 나는 이것이 하나님이 나에게 하나님을 경외하는 마음이 있는지 보시기 위한 일차적인 시험인 줄 알게 되었다. 또 이것은 하나님이 사람에게 경외하는 마음이 있는지를 어떻게 시험하시는지 청중에게 보여 주시기 위한 것이었다(나중에 몇몇 사람에게서 들었는데 그때 강당 전체가 하나님을 경외하는 마음으로 충만해 있었다고 한다). 그때까지도 무슨 말씀을 전해야 할지 알 수 없었기에 나는 계속해서 주님을 기다렸다. 몇 분이 더 지나갔다.

드디어 하나님의 음성이 들렸다. 예레미야 6장을 읽으라고 하셨다. 그때 나는 세 가지 사실을 깨달았다. 첫째는 하나님이 나에게 어떤 지시를 내리셨다는 것, 둘째는 나는 하나님께 순종할 것이라는 것, 마지막으로 예레미야 6장에 대한 설교가 준비되지 않았다는 것이다.

나는 청중에게 하나님이 방금 예레미야 6장을 읽으라고 말씀하셨다고 하면서 그 말씀을 찾아보라고 하였다. 그러고서 다시 하나님을 기다렸다. 몇 분이 더 지나갔다. 그 후 하나님은 내 생각 속에 분명히 말씀하셨다. "예레미야 6장 10절과 19절을 다시 읽으라. 내가 너를 통해 이 구절에 대해 말하겠다." 나는 순종하였고 하나님은 그렇게 하셨다.

"내가 누구에게 말하며 누구에게 경책하여 듣게 할꼬 보라 그 귀가 할례를 받지 못하였으므로 듣지 못하는도다 보라 여호와의 말씀을 그들이 자신들에게 욕으로 여기고 이를 즐겨 하지 아니하니"(렘 6:10). "땅이여 들으라 내가 이 백성에게 재앙을 내리리니 이것이 그들의 생각의 결과라 그들이 내 말을 듣지 아니하며 내 율법을 거절하였음이니라"(19절).

그날 아침, 하나님은 그분의 종을 통해 전하시는 말씀을 불순종하는 게 무엇을 뜻하는지 말씀하려 하셨다. 불순종하고 거역하는 것은 우리가 하나님 말씀을 무시하기 때문이다. 즉, 하나님을 경외하는 마음이 결여되었다는 표시다. "나는 주를 경외하는 모든 자들과 주의 법도들을 지키는 자들의 친구라"(시 119:63).

나는 그 주에 어느 간사와 그의 가족과 점심을 같이 하기로 약속했다. 바로 그날, 금요일에. 그는 그 신학원의 목회담당 간사였다. 그 간사는 오전 집회에는 참석하지 않았으므로 그날 내가 말씀을 전할 때 무슨 일이 일어났는지 모르는 상태였다. 그런데 식사를 하면서 내게 쪽지를 하나 건네주었다. "오늘 이 성경말씀을 당신에게 전해 줘야 한다는 생각이 강하게 들었습니다." 그가 내민 쪽지에는 시편 31편 19절이 적혀 있었다. "주를 두려워하는 자를 위하여 쌓아 두신 은혜 곧 주께 피하는 자를 위하여 인생 앞에 베푸신 은혜가 어찌 그리 큰지요!"

나는 이 말씀을 주신 주님을 찬양하고 나서, 민감하게 하나님의 음성을 듣고 내게 알려 준 그 형제에게 감사했다. 나는 지금까지 일어난 일을 설명하고서 그가 준 말씀이 내게 얼마나 의미 있는지 말해 주었다. 우리는 주님 안에서 큰 격려를 받았다.

그전에도 하나님은 이와 비슷한 방법으로 나를 시험하셨다. 나는 1981년 9월 29일부터 10월 2일까지 사이프러스 섬에서 열린 영적 지도자 대회에서 말씀을 전했다. 이 대회에는 중동

각국에서 온 여러 선교단체의 대표들이 참석하였다. 나는 이미 첫날 오전에 말씀을 전했다. 그리고 바로 그날 저녁에 또 한 번 말씀을 전해야 했다.

저녁에 전할 말씀을 받으려고 오후 내내 주님께 간절히 구했지만 아무런 말씀도 듣지 못했다.

그래서 오후 늦게 그 대회의 책임자에게 사정을 이야기했다. 우리는 하나님이 보여 주시려는 다른 계획이 있는지 함께 기도했다. 그런데 둘 다 오늘 말씀을 전할 사람은 나라는 강한 영적 인도를 받았다. 나는 집회 시작 시간인 7시 30분까지 계속해서 하나님께 구했지만 그 어떤 깨달음도 얻지 못했다. 8시가 되었을 때 책임자는 청중에게 이제 곧 조이 도우슨이 말씀을 전할 것이라고 하였다. 나는 아직도 전할 말씀을 받지 못했으니 하나님이 내게 말씀을 주시도록 기도하자고 하였다. 그리고 모두 그렇게 했다.

8시 45분이 되었으나, 여전히 아무런 말씀도 들을 수가 없었다. 나는 사람들에게 하나님의 계획과 방법은 언제나 완전하다고 말했다. 분명히 하나님이 여기 모인 사람들에게 새로운 사실을 가르치려고 하신다는 것을 설명했다. 또 하나님이 나에게 말씀을 주시리라고 믿고 그분을 바라보았다. 사람들에게는 하나님을 의지하자고 독려하였다.

모임을 시작한 지 1시간 10분이 지나 9시 10분이 되었다. 그때 주님은 예레미야애가 3장 25-26절을 떠올리게 하셨다. "기다리는 자들에게나 구하는 영혼들에게 여호와는 선하시도다 사람이 여호와의 구원을 바라고 잠잠히 기다림이 좋도다."

나는 곧 '하나님을 기다리는 것'에 대해 간단히 말씀을 전했다. 또 긴장과 압박을 느끼는 이 상황이 예전에 하나님이 나를 시험하셨던 두 가지 간증을 청중과 나누라는 신호임을 뚜렷하게 깨달았다.

사람들 앞에서 지도자를 시험하시는 것은 하나님이 가르치시는 방법 중 가장 효과적이다. 지도자들에게 하나님을 경외하는 마음이 있다면 이들은 시험을 통과할 테고, 이 과정을 지켜보는 사람들은 하나님의 원리 원칙을 배우게 된다. 반면, 지도자가 이 시험을 통과하지 못하면 사람들은 '하나님 말씀'을 거절하게 될 것이다. 그뿐만 아니라 그 지도자가 사람을 두려워한다는 사실이 드러날 것이다.

사람을 두려워하지 않고 하나님을 경외할 때 지불해야 하는 대가가 있다. 오해받거나 친구를 잃거나 사역이 잘 되지 않거나, 배척 또는 박해를 당하고 심지어 생명까지 잃는 수가 있다.

스가랴와 스데반은 하나님이 말하라고 명하신 것을 외치다가 생명을 잃었다. 이들은 사람을 두려워하지 않고 하나님을 경외하였다. 선지자 예레미야, 미가, 하나니는 모두 하나님의 말씀을 전하다가 감옥에 갇혔다. 이들도 사람을 두려워하지 않고 하나님을 경외하였다. 바울과 실라와 베드로는 예수 그리스도를 담대히 증거하느라 감옥에 들어갔다. 이들 또한 사람을 두려워하지 않고 하나님만 두려워하는 사람들이었다.

하나님을 경외하는 마음으로 권위 있게 성경말씀을 전했는데 그 후에 사람을 두려워하는 마음에 휩싸일 수도 있다. 사사기 9장 7-21절에 나오는 요담이 그러한 예다. 요담은 그리심 산 꼭대기에서 사람들을 꾸짖으며 담대하게 말씀을 외쳤다. 그러나 그다음에는 "그의 형제 아비멜렉 앞에서 도망하여 피해서 브엘로 가서 거기에 거주했다"(21절).

또 열왕기상 18-19장에서 엘리야도 똑같이 행하였음을 볼 수 있다. 그는 갈멜 산에서 바알과 아세라를 숭배하는 선지자 수백 명과 모든 이스라엘 백성 앞에서 담대히 도전하고 나서 한 여자, 이세벨의 몇 마디 말을 듣고는 두려움에 휩싸여 달아났다.

예수님은 누가복음 12장 4-5절에서 말씀하시기를, "내가 내 친구 너희에게 말하노니 몸을 죽이고 그 후에는 능히 더 못하는 자들을 두려워하지 말라 마땅히 두려워할 자를 내가 너희에게 보이리니 곧 죽인 후에 또한 지옥에 던져 넣는 권세 있는 그를 두려워하라 내가 참으로 너희에게 이르노니 그를 두려워하라" 하고 말씀하셨다.

사람들의 의견을 따라야 한다는 압박감 속에서 어떤 결정을 내려야 할 때마다, 심판의 권세가 있으신 그리스도의 빛 안에서 신중하게 결정해야 한다. 왜냐하면 심판 날에 우리 모두 하나님 앞에 자신이 한 일을 직고해야 하기 때문이다(롬 14:12). 이렇게 하면 어떤 상황에 있든지 하나님께 순종하는 일이 어렵지 않을 것이다. 우리가 하나님을 두려워하지 않고 사람을 두려워하면, 그때 치르는 대가가 훨씬 더 크다. 하나님과 절친한 친구가 되는 특권과 기쁨을 잃어버리기 때문이다. 이 얼마나 큰 손실인가!

하나님은 사람보다 하나님을 의식하는 사람에게 진정한 사역의 권위를 부여하신다. 이것이 예수님이 당시의 다른 랍비들과 다른 점이었다. "예수께서 이 말씀을 마치시매 무리들이 그의 가르치심에 놀라니 이는 그 가르치시는 것이 권위 있는 자와 같고 그들의 서기관들과 같지 아니함일러라"(마 7:28-29).

예수님이 이 세상에 계셨을 때 그분은 하나님의 아들이라는 지위에서 나오는 신적 권세를 모두 버리셨다. 신성의 본질만 지니신 채 사람의 아들로 계셨다.

예수님은 절대 독립적으로 활동하지 않으셨다. 하나님 아버지를 신뢰함으로 그분께 전적으로 순종하고 의존하셨다. "그러므로 예수께서 그들에게 이르시되 내가 진실로 진실로 너희에게 이르노니 아들이 아버지께서 하시는 일을 보지 않고는 아무 것도 스스로 할 수 없나니 아버지께서 행하시는 그것을 아들도 그와 같이 행하느니라"(요 5:19). 이 말씀은 하나님 아버지께서 어떻게 예수님의 생활에 역사하셨는지 설명해 준다. 예수님이 하나님만을 의지하셨기에 그분의 모든 말씀과 행위에 권위가 있었던 것이다.

예수님은 말씀하신다. "아버지께서 나를 보내신 것같이 나도 너희를 보내노라"(요 20:21).

사역의 권위는 우리에게서 예수님의 생명이 얼마나 흘러나오느냐에 따라 결정된다. 예수님의 생명이 우리 안에서 흘러나오려면 스스로 아무것도 할 수 없음을 인정해야 한다. 그리고 예수님이 우리를 통해 역사하신다는 사실을 믿고 그분께 전적으로 위탁해야 한다. "저는 할 수 없습니다. 그러나 주님은 하실 수 있습니다. 그리고 지금 하실 것입니다"라고 고백하고 순종하면 된다. 그러면 우리가 요청할 때마다 예수님의 초자연적인 생명이 우리에게서 흘러나올 것이다.

만약 하나님이 말씀을 전하는 사람으로 보내시지 않았다면, 우리에게서 권위 있는 말씀이 흘러나올 거라는 기대는 하지 말아야 한다. "하나님이 보내신 이는 하나님의 말씀을 하나니 이는 하나님이 성령을 한량없이 주심이니라"(요 3:34).

언변을 타고난 사람은 청산유수처럼 말할 수는 있겠지만 그렇다고 해서 반드시 그에게 영적 권위가 있는 것은 아니다. 하나님이 주신 권위는 하나님에게서 시작한 일, 그분이 그 사람을 통해 역사하시는 일을 할 때만 나타난다. 그랬을 때만 오직 하나님이 영광받으실 수 있다. 예수님은 요한복음 17장 4절에서

"아버지께서 내게 하라고 주신 일을 내가 이루어 아버지를 이 세상에서 영화롭게 하였사오니" 하고 말씀하셨다. 하나님께 순종하는 것만이 영적 권위를 받을 수 있는 유일한 길이다.

사람들은 청중을 압도하는 연설이나 웅변에 영적 권위가 있다고 착각한다. 하지만 진리를 말할 때도 영적 권위가 없는 경우가 허다하다. 오직 하나님의 권위로 전하는 말씀만이 사람의 심령을 파고 들어가 그 사람의 삶을 바꿀 수 있다. 그 외의 것들은 단지 지성과 감성만을 자극할 뿐이다.

아무리 핵심을 찌른다 하더라도 영적 권위 없이 전하는 수많은 설교보다, 더듬거리며 전하는 영적 권위 있는 몇 마디 말이 사람의 심장을 관통한다. 만일 하나님이 아무 말도 하지 말고 울기만 하라고 하셨는데 우리가 그대로 순종한다면, 그 울음에는 권위가 있게 된다. 그러면 하나님은 이 울음이 하나님에게서 나왔고 그분이 역사하시는 살아 있는 증거라는 사실을 사람들에게 말씀하실 것이다.

스코틀랜드의 설교자 머레이 맥체인(Murray McCheyne)이 어느 주일 아침예배 시간에 설교하러 단상에 올라갔다. 그가 하나님 앞에 순종하는 방법은 우는 것뿐이었다. 그런데 성령님이 놀랍게 역사하셔서 사람들이 차례로 주님 앞에 부서지며 통회하기 시작하였다. 바울이 했던 고백을 이 설교자도 체험한 것이다. "사람을 기쁘게 하려 함이 아니요 오직 우리 마음을 감찰하시는 하나님을 기쁘시게 하려 함이라"(살전 2:4).

하나님과 사람 앞에서 올바른 마음으로 올바른 곳에서 올바른 때에 올바른 것을 말하고 행하는 사람만이 하나님이 올바른 결과로 이끄신다는 사실을 믿을 수 있다. 이렇게 충만한 상태가 되려면 시간을 내서 하나님을 찾아야 한다. 그러면 하나님과 하나 될 수 있다. 또 성취했다고 느낄 수도 있다.

《하나님을 경외하는 마음》의 초판에서 하나님과 사람을 놓고 내가 과연 누구를 경외하는지 하나님이 시험하신 이야기를 나누었다. 초판이 출간되고 20여 년이 흘렀다. 그런데 지금 나누려고 하는 이야기는 2년도 채 되지 않았다. 하나님이 개정판에서 최근에 있었던 일을 나누기 원하신다고 추측할 따름이다.

어느 날 베니 힌(Benny Hinn) 목사님의 비서에게서 전화가 왔다. 4일 후에 목사님의 스튜디오에 와서 《삶을 변화시키는 하나님의 불》과 관련해 인터뷰를 해 달라고 했다. 인터뷰를 하고 나서는 월요저녁 성경반에 목사님과 함께 참석해 달라고 요청 받았는데, 그 성경반은 목사님이 8주 동안 수백 명의 사람들을 깊이 있게 가르치는 모임이었다.

나는 남편과 먼저 하나님께 물어보고, 가능한 한 빨리 답을 주겠다고 대답했다. 우리는 인간적인 생각과 욕망을 완전히 버리고 원수의 목소리를 예수의 이름으로 대적했다. 하나님을 기다렸을 때 둘 다 내가 그 초청을 받아들여야 한다는 인상을 받았고 하나님의 평화가 임했다.

다음 날 우리는 베니 목사님의 성경반에 참석해야 할 목적이 무엇인지 알고자 구체적으로 또 하나님께 구했다. 우리는 아무것도 추정하고 싶지 않았다. 우리가 받은 성령의 답은 "그렇다"였다. 나에게는 "중요하다"라는 말씀을 덧붙여 분명하게 말씀하셨다.

나는 수년 동안 베니 목사님과 함께 사역을 감당하는 큰 특혜를 누렸다. 이 경험을 통해 하나님이 주관하시는 예상하지 못한 일이 생길 수 있으니, 늘 준비되어 있어야 함을 배웠다. 그래서 나는 그 다음 날, 만일 베니 목사님이 즉흥적으로 내게 하나님 말씀을 전해 달라고 부탁하면 어떤 말씀을 나눠야 할지 알려 달라고 하나님께 부지런히 구했다. 이런 경우가 전에도 있었기 때문이다.

하나님이 말씀하시길 잠잠히 기다렸다. 그런데 성경 어디를 펴든지 혀를 제어하여 말을 조심하라는 말씀이 유독 두드러져 보였다. 성령의 인도하심으로 이 주제가 우리의 흥미를 끌었다. 시간이 너무 부족했기 때문에 우리가 하는 말이 어떻게 미래를 정하는지 최근에 준비했던 말씀을 찾는 수밖에 없었다. 나는 말씀이 적힌 큰 공책을 가방 안에 넣으며 도대체 이 말씀이 어떻게 베니 목사님의 프로그램과 잘 어우러질까, 그리고 왜 그럴까 궁금했다.

다음 날, 우리는 목사님의 스튜디오에서 텔레비전 인터뷰를 녹화했다. 저녁에 사람들이 꽉 찬 성경반에 도착하자 베니 목사님은 우리를 소개하며, "조이 도우슨이 오늘 저녁 우리와 나눌 말씀이 있는 줄 압니다. 조이, 짐, 여기 앞에 와서 앉으세요" 하고 말했다. 우리는 그렇게 했다.

베니 목사님은 강한 기름부으심 아래 주 예수의 피와 그것이 어떻게 우리 삶의 모든 영역에 적용되어야 하는지 매우 강력한 말씀을 전하셨다. 목사님이 가르치면 가르칠수록 나는 혀에 관한 하나님의 말씀이 그 가르침과 무슨 상관이 있는지 더 의아해졌다.

나는 하나님께 내가 여전히 말의 중요성에 대해 청중에게 말씀을 전해야 하는지 목사님의 말씀에서 확증을 달라고 구했다. 성경을 폈을 때 마태복음 12장이 펴졌으며 내 눈은 즉시 36절과 37절에 머물렀다. 하나님이 전날 밤 내게 말씀하신 것과 똑같은 구절이었다. "내가 너희에게 이르노니 사람이 무슨 무익한 말을 하든지 심판 날에 이에 대하여 심문을 받으리니 네 말로 의롭다 함을 받고 네 말로 정죄함을 받으리라"(마 12:36-37).

나는 결국 목사님이 전하시는 이 말씀을 듣고, 미리 준비하게 하신 주님께 너무 감사했다. 하지만 내게 말씀을 전할 시간이 얼마나 주어질지, 이 한 시간 반 분량의 강의 자료 중에서 무엇을 가르쳐야 할지 전혀 감이 잡히지 않았다. 그냥 처음부터 시작해야 하는 걸까?

　나는 이 상황 하나하나가 다 상식적이지 않다고 거듭 생각했다. 맨 앞줄, 그것도 강사 코앞에 앉아 강의 내용을 필기하기는커녕 내 커다란 강의 공책만 펴놓고 모든 인생이 거기에 달린 것처럼 하나님께 간절히 구하고 있었으니 말이다. 나는 남편에게 하나님이 지혜를 주시고 인도하시도록 기도해 달라고 귓속말로 부탁했다. 그리고 "주님, 말씀을 어디서부터 시작할까요?" 하고 계속 여쭈었다. 마침내 어디서부터 강의를 시작할지 성령의 분명한 인도를 받았다. 공책의 중간쯤이었다. 그 인도로 나는 엄청난 안도를 느꼈다. 정말이다.

　그런데 베니 목사님은 두 시간을 가르치고 나서 "이제 조이 도우슨이 나와 기도해 주시겠습니다"(말씀을 전하는 것이 아니라)라고 말했다. 나는 어떻게 해야 하는가? 이 상황에서 논리적인 유일한 일, 옳아 보이는 단 하나의 일, 곧 내가 부탁받은 일을 해야 하는가? 사람을 두려워하여 하나님의 분명한 인도에 불순종할 것인가, 하나님을 두려워하여 내 긴 인생 여정 동안 나를 인도해 온 그 목소리에 순종할 것인가?

　나는 어색해 보이는 큰 공책을 손에 들고 강단에 올라가서 내 친구 베니 옆에 선 다음 그에게, "오랜 세월이 지나 이제 친구로서 서로 잘 아는 게 정말 기뻐요. 왜냐하면 이 성경반에서 하나님이 나에게 주신 성경말씀을 나누게 해 달라고 당신에게 부탁해야 하니까요" 하고 말했다. 베니는 "그러십시오" 하고 대답했다. 나는 하나님을 경외하는 일과 우리가 하는 말을 연결해 약 5분 동안 말씀을 가르쳤다. 하나님을 경외하는 마음을 삶에서 실제 적용하는 일이 얼마나 중요한지 강조했다. 하나님을 경외하는 사람은 정확한 시간에 100% 진리만을 말한다. 또 나는 하나님을 경외하는 첫 번째 방법으로, 우리의 입술에서 거짓을 금하라는 시편 34편 11-13절을 읽었다. 하나님이 허위의 죄에 대해 성경에 하신 말씀이 많다고 언급했다. 허위는 과장하거나 일부 사실을 말하지 않는 것을 가리킨다. 몇 마디를 더하거나 생략함으로써 우리는 진리를 왜곡한다. 그 말을 했을 때의 상황을 이야기하지 않음으로 진리를 왜곡하는 것이다. 그 말은 단순히 우스개로 한 말이었을지도 모른다.

우리 언행의 기준은 주 예수의 삶이다. 베드로전서 2장 21-22절은 그분을 우리의 본으로 묘사했다. "너희에게 본을 끼쳐 그 자취를 따라오게 하려 하셨느니라 그는 죄를 범하지 아니하시고 그 입에 거짓도 없으시며." 또 요한계시록 14장 5절은 "그 입에 거짓말이 없고 흠이 없는 자들이더라"라고 말한다.

그때 베니 목사님이 이렇게 말씀하셨다. "조이, 이제 그만하셔야 할 것 같습니다. 그렇지만 이 성경반 마지막에 있을 축하연에 강사로 다시 와 주시면 좋겠습니다. 그때 새로 쓰신 책《삶을 변화시키는 하나님의 불》에 관해 말씀해 주시기 바랍니다."

나는 베니의 리더십에서 나오는 지시에 완전한 평온을 느꼈다. 하나님이 내가 전하기 원하셨던 말씀을 그대로 나눌 수 있었고, 베니 또한 성령의 분명한 신호를 받아 그 말을 했다고 믿는다. 나는 초청을 받아들일 것인지 하나님께 여쭈어 보겠다고 대답했고, 즉시 그렇게 했다. 베니가 기도로 모임을 끝내기 전에 하나님은 내게 '그래, 내가 이 문을 열었다'라고 대답하셨다. 나는 하나님이 하신 말씀을 나누며 그 초청을 받아들이기로 했다. 그러자 베니는 《삶을 변화시키는 하나님의 불》을 4백 명이나 되는 성경반 사람들에게 선물로 한 권씩 주겠다고 발표함으로써 나를 크게 격려해 주었다.

성경반 축하연에서 "부흥의 준비와 대가"에 관한 말씀을 전했다. 그 후에 한 남자가 나를 찾아왔다. 그 사람은 어렸을 때부터 그리스도인이었으며, 변호 일을 해 온 지도 수년이 되었다고 했다. 그런데 성경반에서 내가 말의 중요성과 관련된 성경말씀을 읽었을 때 자신의 삶이 완전히 변했다고 말했다. 그는 "저는 다시는 똑같은 사람이 될 수 없습니다" 하고 말했다. 단 5분이었지만 성령이 자기 삶에 강력한 영향을 끼쳤다는 것이다. "제가 꼭 들어야 하는 말씀을 그대로 전해 주셔서 얼마나 감사한지 모릅니다. 감사합니다. 감사합니다."

와! 이 말이 나에게 얼마나 격려가 되었는지 상상할 수 있겠는가? 그런 놀라운 방법으로 그 사람을 축복하는 통로가 되려고 내가 어떤 시험을 거쳤는지 그에게 설명할 기회가 없었다. 하지만 그가 자신의 간증을 나눠 주어 마음 깊이 감사했다.

몇 주 후에 나는 캘리포니아 주 밴누이스에 있는 우리 교회에 앉아 있었다. 수요예배가 끝나고 행정 담당 목사와 만나기로 약속한 터라 그를 기다리고 있었다.

그런데 한 젊은 여성이 내게 와서 베니 힌의 성경반에서 나누었던 말씀을 통해 하나님이 얼마나 감동을 주셨는지 이야기하기 시작했다. 그녀가 막 말을 하려고 할 때 목사님이 오시는 바람에 그 이야기는 중단되었다. 더 들었더라면 참 좋았을 것이다. 그러나 그 짧은 이야기로도 나는 확신할 수 있었다. 나의 시험을 통해 하나님은 다른 사람을 위해 세우신 목적을 이루어 가신다는 사실을 말이다.

우리는 하나님을 경외하려는 마음으로 충만하다. 그래서 하나님께 순종할 때 그분이 우리를 축복하시려고 주신 약속이 큰 위로가 된다. 많은 약속이 있지만 두 가지만 들자면 다음과 같다.

> 여호와는 자기를 경외하는 자들과 그의 인자하심을 바라는 자들을 기뻐하시는도다(시 147:11).

> 여호와의 친밀하심이 그를 경외하는 자들에게 있음이여 그의 언약을 그들에게 보이시리로다(시 25:14).

사람을 두려워하지 않고 하나님을 경외하기로 선택할 때마다 우리는 하나님을 기쁘시게 해 드릴 수 있다. 그분이 우리와 더 가깝게 교제할 수 있는 곳으로 인도하시고, 말씀의 비밀을 친히 보여 주시리라. 이 얼마나 멋진 보상인가!

주님께 복종하기로 결단하고, 언제든지 하나님의 뜻을 따르려 하고, 하나님께 모든 것을 의탁하고, 순종과 믿음의 생활을 하면, 하나님 아버지가 예수 그리스도께 하셨던 것과 같이 우리에게도 하나님의 권위를 부여해 주신다.

하나님은 온 우주에서 가장 놀라우신 분이다. 하나님이 가장 거룩하신 분이라는 사실을 깨닫는다면, 하나님과 더욱 깊은 관계를 맺는 과정에서 반드시 겪게 되는 모든 역경과 시험, 배움이 다 가치 있다는 사실을 알게 될 것이다. 이것을 기억하면서 하나님의 모습을 더 살펴보자.

4
하나님의 거룩하심

하나님의 성품에서 가장 중요한 부분은 거룩함이다.

사실 하나님의 거룩하심을 이해하기 전에는 절대 하나님의 자비를 이해할 수 없다(자비란 우리가 마땅히 받아야 할 벌을 받지 않는 것이다). 또한 죄를 심판하시는 하나님의 진노도 이해할 수 없다. 그리고 측량할 수도 없으리만큼 깊은 그분의 사랑을 깨달을 수도 없다.

창세전에 아버지와 막힘없이 온전히 교통하셨던 예수님이 하늘의 영광을 버리고 죄악 된 세상에 오신 사랑, 십자가에서 세상의 모든 더러운 죄를 친히 담당하신 그 사랑은 하나님의 거룩하심을 깨달아야 비로소 이해할 수 있다. "하나님이 죄를 알지도 못하신 이를 우리를 대신하여 죄로 삼으신 것은 우리로 하여금 그 안에서 하나님의 의가 되게 하려 하심이라"(고후 5:21).

우리가 하나님의 거룩하심을 알지 못하면 구속의 깊이, 즉 거룩한 하나님이 그 사랑을 나타내시려 어떤 희생을 치르셨는지 이해할 수 없다.

하나님의 성품 중에 거룩하심이 가장 중요한 이유를 살펴보자. 그 첫 번째 이유는 그것이 하늘에서도 영원토록 계속되기 때문이다.

선지자 이사야가 환상 중에 하나님을 뵈었을 때 하나님의 보좌를 둘러싼 스랍들이 무엇이라고 외쳤는가? "거룩하다 거룩하다 거룩하다 만군의 여호와여 그의 영광이 온 땅에 충만하도다"(사 6:3).

또 요한계시록 4장 8절에서 네 생물이 쉼 없이 노래하는 내용이 무엇인가? 그것들은 "위대하다 위대하다 위대하다 주 하나님"이라 하지 않았다. "공의롭다 공의롭다 주 하나님"도 아니었다. 또 "사랑이라 사랑이라 사랑이라 주 하나님", 이것도 아니었다. 물론 이 같은 하나님의 성품도 매우 경이롭고 중요하다. 하지만 네 생물이 밤낮으로 쉬지 않고 노래하도록 하나님이 주권적으로 결정하신 것은 바로, "거룩하다 거룩하다 거룩하다 주 하나님 곧 전능하신 이여 전에도 계셨고 이제도 계시고 장차 오실 이시라!"는 선포였다. 그러므로 그 이유를 살펴보는 일은 우리에게 가장 중요하다. 하나님의 무한한 지혜와 지식으로 보았을 때 하늘과 땅의 모든 것이 알아야 할 하나님의 성품이 바로 거룩함이기 때문이다.

그러니 이 어찌 중요하지 않겠는가! 하나님의 성품 중 가장 중요한 거룩함을 연구하고자 우리는 얼마나 시간을 내고 있는가? 한 시간, 아침, 점심, 저녁, 아니면 단 하루라도 방해받지 않고 시간을 들여 하나님의 거룩하심을 연구해 본 적이 있는가? "하나님, 제가 주님의 말씀 속에서 주님의 거룩하심을 연구하고자 합니다. 주님을 알고 싶습니다" 하고 기도했는가?

하나님의 성품 중에 거룩함이 가장 중요한 두 번째 이유는 삼위일체 하나님, 곧 기능은 다르지만 권위는 동등하신 하나님 중 삼위 하나님의 이름이 성령(聖靈, Holy Spirit)이기 때문이다. 그분의 이름은 위대한 영도 아니고, 사랑의 영도 아니며, 지혜의 영도 아닌 거룩하신 영이다.

거룩함이 가장 중요한 세 번째 이유는 하나님을 경외하는 마음을 품는 데 기반이 되기 때문이다. 거룩함을 바탕으로 우리의 사랑을 드리는 온전한 헌신이 일어난다. 헌신하려고 하는 대상이 어떠한 성품을 갖추었는지 모른 채 무작정 우리 자신을 드리는 일은 참으로 어리석은 일이다. 즉, 성품이 우선이지 그 사람의 실력이나 인간적 매력은 그다음 문제인 것이다.

마찬가지로 우리는 하나님의 거룩하심을 아는 만큼만 그분을 경배할 수 있다. 내가 아주 놀라운 예배를 경험했던 순간은 항상 하나님의 경이로운 거룩함 속에 몰입했을 때이다. 찬란히

빛나는 주 예수 그리스도의 아름다움을 보는 사람들은 그분의 거룩하심을 보기 원하는 사람들이다. 주님은 이러한 사람들에게 계시하신다. "모든 사람과 더불어 화평함과 거룩함을 따르라 이것이 없이는 아무도 주를 보지 못하리라"(히 12:14). "여호와는 의로우사 의로운 일을 좋아하시나니 정직한 자는 그의 얼굴을 뵈오리로다"(시 11:7).

예수 그리스도의 아름다움은 그분의 거룩함에서 나온다. 따라서 우리가 하나님 아들의 눈을 응시하면 거룩함과 사랑으로 불타오르는 그분의 눈을 보게 될 것이다. 그러면 어떤 변화가 일어날까? 우리는 새로워질 것이다. 그러나 이러한 은혜는 간간이 구하는 자에게는 부어지지 않는다. 부지런히 찾으려고 힘쓰는 자에게만 주어진다.

예수님이 이 세상에 오신 데는 몇 가지 이유가 있다.

첫째, 아버지의 형상을 우리에게 보여 주시려고
둘째, 십자가에서 죽으셔서 온 세상의 죄를 구속하시려고
셋째, 죽으시고 부활하셔서 어둠의 권세를 깨뜨리시려고
넷째, 우리에게 어떻게 살아야 하는지 친히 보여 주시려고
다섯째, 우리의 생명이 되시려고

나는 특별히 하나님의 아들 예수님이 우리에게 어떻게 살아

야 하는지 보여 주시려 이 땅에 오셨다는 사실이 무척이나 감사하다. 예수님의 사역을 공부하면서 나는 예수 그리스도가 하나님을 경외하는 것에 관한 기준이 되신다는 것을 알았다. 이사야 11장 2-3절에는 "여호와의 영 곧 지혜와 총명의 영이요 모략과 재능의 영이요 지식과 여호와를 경외하는 영이 강림하시리니 그가 여호와를 경외함으로 즐거움을 삼을 것이며"라고 기록되어 있다.

예수님은 항상 거룩한 생각과 말과 행동을 좋아하셨다. 그리고 "아버지를 기쁘게 해 드리려면 이렇게 하는 수밖에 없구나" 하고 말씀하시지 않았다. 오히려 "하나님을 경외하는 생활을 기쁨으로 한다. 그리고 나의 간절한 소원은 거룩함이다"라고 말씀하셨다.

우리는 어떠한가? 이제 예수님이 어떻게 살아야 하는지 보여 주시려고 오셨다는 사실을 알았다면, 인자이신 예수님을 우리의 기준으로 삼아야 할 것이다. 잠언 23장 17절의 "항상 여호와를 경외하라"는 말씀의 의미는 무엇인가? 그것은 생각과 말과 행위를 할 때는 언제나 거룩함을 좇으라는 뜻이다. 하나님을 경외하는 마음이 우리의 전인격, 즉 어느 곳 하나도 미치지 않는 곳 없이 우리를 주관해야 한다는 말씀이다.

하나님도 경외함을 최우선으로 하신다는 것을 신명기 10장 12-13절에서 찾아볼 수 있다. "이스라엘아 네 하나님 여호와께서

서 네게 요구하시는 것이 무엇이냐 곧 네 하나님 여호와를 경외하여." 하나님은 무엇보다도 먼저 이렇게 하라고 하셨다. 그리고 계속해서 말씀하셨다. "그의 모든 도를 행하고 그를 사랑하며 마음을 다하고 뜻을 다하여 네 하나님 여호와를 섬기고 내가 오늘 네 행복을 위하여 네게 명하는 여호와의 명령과 규례를 지킬 것이 아니냐."

이제 죄에 대한 우리의 태도와 반응이 얼마나 거룩한지 정직한 마음으로 살펴보자. 다음 장에서 매우 분명하게 보게 될 것이다.

PART 2

하나님을 경외하는 이유

INTIMATE Friendship WITH
GOD

5

죄에 대한 네 가지 태도

죄에 대한 태도는 네 가지 단계로 나눌 수 있다. 자신이 어느 단계에 있는지 살펴보며 필요한 것이 무엇인지 공부해 보자.

1단계: 손해가 막대하기 때문에 죄를 짓지 않는 사람

이 사람은 마음속에 상대에 대한 정욕을 품고 있지만 간음이나 음란의 죄를 짓지 않는다. 왜냐하면 죄를 지으면 자신이 손해를 보리라는 것을 알기 때문이다. 이런 사람은 남을 미워하고 심지어 죽이고 싶어 하지만, 그 결과가 자기에게 너무나 큰 손해라는 것을 알기 때문에 남을 죽이지는 않는다. 이런 사람에게는 분명히 죄를 미워하는 마음이 없다. 그러므로 하나님을 경외하는 마음도 없다.

2단계: 황금률로 살아가는 사람

이 사람은 무슨 수를 써서라도 오로지 편안함을 추구한다. 또 자신의 안정적 상황을 뒤집으려는 과격한 사람들을 도저히 이해하지 못한다. 이런 사람은 자기도 모르는 사이에 이기적인 죄와 자기 의에 빠져 버린다. 또 매 주일 교회에 출석하고 십일조도 꼬박꼬박 바치고, 빚진 것이 있다면 즉시 갚을 줄 알고 배추 여섯 포기를 샀으면 한 포기쯤은 이웃에게 줄 줄도 아는 사람이다. 가끔 선행도 한다. 만일 누군가 자신을 찾아와서 "하나님을 경외하십니까?" 하고 묻는다면 아마도 화를 버럭 내면서 어떻게 감히 그런 질문을 할 수 있느냐고 반문할 것이다. 그러고는 "물론이지요" 하고 대답할 것이다. 여기서 '물론'이라는 말은 '아니, 이 사람은 보지도 못했나? 내가 하나님을 경외하는 사람이라는 분명한 사실을 못 느끼다니!'라는 의미를 담고 있다.

그러면 이렇게 질문해 보면 어떨까? "잃어버린 영혼들을 위해 한 시간 이상 하나님께 매달리며 기도해 본 적이 있나요? 당신은 그 사람들을 전도하는 데 얼마나 헌신적인가요? 하나님의 구원의 섭리와 영원한 생명을 알지도 못하는 수백만의 무슬림, 힌두교도, 일본의 신도(神道) 신자, 무교도(巫敎徒), 불교도, 공산주의자, 무신론자, 인본주의자, 허무주의자들을 놓고 기도하시나요? 아직까지 복음을 접하지 못한 수백만의 사람들에게 얼마나 관심이 있으신지요?" 정말 솔직한 사람이라면 "거의 없습니다" 혹은 "전혀 없었습니다" 하고 대답할 것이다.

이와 같이 자기중심적인 죄, 이기적인 죄, 기도하지 않는 죄, 자기만족에 빠진 죄, 자기 의를 내세우는 죄를 볼 때 하나님을 경외하는 마음이 전혀 없다는 것이 드러난다. 이런 단계인 사람들은 죄를 미워하기는커녕 자기에게 이런 죄가 있다는 사실조차 인정하려 들지 않는다.

3단계: 주님을 기쁘시게 하려는 진실한 그리스도인

이 사람은 죄를 짓고 싶어 하지 않으며, 생활 속에서 계속 죄를 지으면 깊이 근심하는 사람이다. 또 왜 늘 똑같은 죄를 반복하는지 그 원인을 찾고 싶어 한다. 이 사람은 남을 판단하고 정죄하는 죄, 교만, 대화할 때 언제나 주의를 끌려고 하는 태도, 그리고 하나님을 신뢰하지 않기 때문에 생기는 두려움과 의심, 불순종의 모습으로 나타나는 불신앙의 죄를 반복하고 있을지도 모른다. 아니면 정욕과 탐심과 시기 또는 하나님이나 사람을 원망하는 죄를 되풀이해서 짓는지도 모른다. 그러나 이것을 깊이 근심하며 자유로워지기를 갈망한다.

약간 우스꽝스럽긴 하지만, 이와 같은 단계에 있는 사람의 생활을 구체적으로 이야기해 보겠다. 이제 막 예배를 드리려고 하는데 교회 강대상 융단 위에 똥이 있다고 하자. 그러면 그 똥에 대해 두 가지 본능적인 반응을 보일 것이다. 하나는 최대한 빨리 그 교회를 빠져나오려는 것이다. 그 똥 가까이 있는 사람일수록 교회 밖으로 뛰쳐나가려고 하는 강한 충동을 느낄 것이다. 그는 그곳에서 완전히 벗어나고 싶을 것이다. 또 하나의 반응은 누군가에게 양동이와 삽과 소독약과 비누를 가져오게 하여 그 더러운 똥을 말끔히 치우고 교회 밖에 버릴 것이다. 왜 그런가? 이유는 간단하다. 냄새가 고약하기 때문이다.

그런데 내가 그 교회에 말씀을 전하러 가서 목사님께 이렇게 말씀드린다고 생각해 보자. "도움이 필요해요. 아주 창피한 일이지만, 제 마음을 솔직히 말씀드리고 싶어요. 사실 저를 늘 괴롭히는 은밀한 죄가 한 가지 있는데 그것은 제가 똥을 무척이나 좋아한다는 것이지요. 그 냄새를 살짝만 맡아도 저는 쏙 빠져 들고 맙니다. 휴! 옳지 않은 일인 줄도 알고 또 이래서는 안 되는 줄도 알아요. 다른 사람들은 똥 문제에 온전히 승리하는 생활을 하는 줄도 알아요. 그 사람들은 똥을 싫어하죠. 그렇지만 솔직히 저는 똥을 싫어하지 않아요. 오히려 무척 강한 유혹이지요. 그런데 저 강대상 위에 똥이 있다는 말을 들었답니다. 그래서 지금 전 몹시 고민하고 있어요. 제가 강대상에 걸어 올라가기 전에 똥 속으로 뛰어들지나 않을까 심히 걱정됩니다. 그러니까 지금 저를 위해 기도해 주세요. 제가 예배를 잘 마칠 수 있도록 저를 위해 기도해 주세요."

그러면 목사님은 아마 이렇게 말할지도 모르겠다. "조이 자매님, 지금까지 살아오면서 수많은 사람과 상담했지만 이런 기도 부탁은 처음이에요. 하지만 정말 진지하게 말씀하시는군요."

만일 내가 그런 기도 부탁을 한다면 그야말로 우스운 일일 것이다. 그러나 이것은 그리스도의 몸 안에서 번번이 일어나는 일이다. 자신을 괴롭히는 죄와 성격의 결함을 두고 기도 요청을 할 뿐 하나님께 정직하고 겸손히 나아가지 않는다. 우리는 하나님께 다음과 같이 직접 청할 수 있다. "저는 이런 죄를 사랑하기 때문에 계속 죄를 짓고 싶은 유혹을 느낍니다. 전 이 죄를 싫어하지 않습니다. 저에게는 하나님을 경외하는 마음이 절실히 필요합니다. 오, 하나님! 제가 지금 사랑하고 있는 이 죄를 미워하는 마음을 주십시오. 이것이 이루어지리라 믿습니다."

하나님은 그 기도에 언제나 변함없이 응답해 주실 것이다. 이 진리는 야고보서 1장 14-15절에 분명히 나와 있다. "오직 각 사람이 시험을 받는 것은 자기 욕심에 끌려 미혹됨이니 욕심이 잉태한즉 죄를 낳고 죄가 장성한즉 사망을 낳느니라."

4단계: 하나님을 경외하는 마음을 지닌 사람

이 사람은 죄를 미워하기 때문에 거의 죄를 짓지 않는다. 만일 죄를 지으면 빨리 깨닫고 즉시 회개하며, 성령이 다른 사람 앞에서 겸손하게 고백해야 한다고 하시면 기꺼이 그렇게 하는 사람이다.

잠언 16장 6절은 "여호와를 경외함으로 말미암아 악에서 떠나게 되느니라"하고 말씀한다. 윗사람의 강요 때문에 억지로 해야 한다거나 어떤 유익을 얻기 위한 경우를 제외하고, 싫어하는 일을 하려고 하는 사람은 없을 것이다. 이 말이 옳은 말인지 충분히 생각해 보라. 우리는 죄를 짓기로 결정하기 때문에 죄를 범하는 것이다. 왜냐하면 우리가 아직도 죄를 사랑하기 때문이다. 그러면 죄에서 해방될 유일한 길은 하나님이 죄에 대해 지닌 태도를 닮는 것이다. 즉, 하나님을 경외하는 마음으로 죄를 미워하라는 말이다. 생각으로 짓는 죄를 미워하라. 말하면서 짓는 죄를 미워하라. 행동으로 짓는 죄를 미워하라. 먼저 죄의 시작이라 할 수 있는 생각에서부터 죄를 미워하면, 말과 행동을 하면서도 죄를 미워하게 될 것이다.

하나님을 아는 것이 진정 우리 삶의 가장 큰 소원인가? 또 하나님을 아는 만큼 하나님을 전하고자 하는가? 그러면 거룩함을 좇아 생활해야 한다. "여호와의 친밀하심이 그를 경외하는 자들에게 있음이여"(시 25:14).

하나님이 우리를 창조하신 이유가 우리와 친밀하게 관계 맺기 위해서라는 사실을 기억하면, 우리는 큰 힘을 얻을 수 있다. 하나님은 우리보다 더 우리와 친밀한 관계를 맺기 바라신다. 우리가 하나님께 진실함과 믿음으로 하나를 드리면 하나님은 우리에게 둘을 주신다. "하나님을 가까이하라 그리하면 너희를 가까이하시리라"(약 4:8).

반면 죄는 우리가 하나님께 가까이 가지 못하도록 막을 뿐 아니라 관계의 친밀성을 깨뜨린다. 그러므로 자기 자신을 위해서라도 죄를 피하거나 깨끗이 씻어 버려야 한다. 그렇게 할 수 있는 방법을 다음 장에서 살펴보자.

6
회개란 무엇인가

우리가 예수님이 재림하시기 전, 마지막 시대를 살고 있다고 믿는가? 그렇다면 우리는 그리스도의 신부가 '어린양의 혼인 잔치'를 준비해야 한다는 사실을 이해할 것이다.

또 내가 들으니 허다한 무리의 음성과도 같고 많은 물 소리와도 같고 큰 우렛소리와도 같은 소리로 이르되 할렐루야 주 우리 하나님 곧 전능하신 이가 통치하시도다 우리가 즐거워하고 크게 기뻐하며 그에게 영광을 돌리세 어린양의 혼인 기약이 이르렀고 그의 아내가 자신을 준비하였으므로 그에게 빛나고 깨끗한 세마포 옷을 입도록 허락하셨으니 이 세마포 옷은 성도들의 옳은 행실이로다 하더라 천사가 내게 말하기를 기록하라 어린양의 혼인 잔치에 청함을 받은 자들은 복이 있도다 하고 또 내게 말하되 이것은 하나님의 참되신 말씀이라(계 19:6-9).

우리는 새롭게 됨, 회복, 화해, 부흥에 대해 많은 이야기를 듣는다. 이러한 역사가 일어나는 것은 우리가 회개하느냐 그렇지 않느냐에 달렸는데, 그 이유는 부흥이 일어나기 전에 회개의 역사가 일어나기 때문이다. 그리고 부흥이 일어나면 사람들은 더욱 회개한다. 나는 회개하지 않는 교회가 부흥을 방해하는 가장 큰 요인이라고 믿는다. "내 이름으로 일컫는 내 백성이 그들의 악한 길에서 떠나 스스로 낮추고 기도하여 내 얼굴을 찾으면 내가 하늘에서 듣고 그들의 죄를 사하고 그들의 땅을 고칠지라"(대하 7:14).

하나님이 우리에게 회개하라고 말씀하시는 이유는 우리를 사랑하시기 때문이다. "하나님의 인자하심이 너를 인도하여 회개하게"(롬 2:4) 하신다. 우리가 인내하고 오래 참으시는 하나님의 인자하심에 응답하지 않는다면, 그분은 심판으로 오실 것이다. 물론 심판도 보호하시는 사랑의 또 다른 측면이다. 《삶을 변화시키는 하나님의 불》은 이 주제를 자세하게 다룬다. 다음 글은 이 책에서 발췌한 내용이다.

성경에서 하나님의 진노는 언제나 심판의 의미를 지닌다. 그것은 하나님의 진노가 법을 집행한다는 의미다. 하나님의 심판과 진노는 경외심을 자아내는 거룩하심과 공의의 일부이다. 이사야 5장 16절은 "오직 만군의 여호와는 정의로우시므로 높임을 받으시며 거룩하신 하나님은 공의로우시므로 거룩하다 일컬음을 받으시리니"라고 설명한다.[1]

A. W. 토저(Tozer)는 이렇게 말한다.

하나님의 진노는 타락하고 파괴된 모든 것을 참지 않으시겠다는 뜻이다.…거룩하신 하나님이 거룩하지 못한 것을 대하실 때 항상 충돌이 생긴다.…그 충돌에서 하나님은 진노하신다. 하나님은 그분이 창조하신 것을 보호하시려고 창조물을 파괴하려는 것은 무엇이든 파괴하셔야만 했다.…세상 역사에서 하나님이 행하신 진노의 심판은 모두 다 거룩한 보존의 행위였다.…그분은 (우리에게) "장차 올 진노를 피하라"고 말씀하신다.[2]

하나님은 고의로 범하는 죄 때문에 심판하신다. 이러한 죄는 가장 파괴적이다. 우리가 고통을 느낀다는 사실을 아시면서도 하나님이 우리를 심판하시는 이유는, 더는 죄를 짓지 못하게 하시기 위해서다. 그러므로 심판은 하나님의 사랑의 행위이다.
하나님이 다음 교회들에게 하신 말씀을 보라.

온 마음을 다해 하나님을 사랑하는 것 위에 다른 우선순위를 두었던 에베소 교회에게, "회개하지 아니하면 내가 네게 가서 네 촛대를 그 자리에서 옮기리라"(계 2:5).

타협하는 버가모 교회에게, "회개하라 그리지 아니하면 내가 네게 속히 가서 내 입의 검으로 그들과 싸우리라"(2:16).

타락한 두아디라 교회에게, "그의 행위를 회개하지 아니하면 큰 환난 가운데에 던지고"(2:22).

죽은 사데 교회에게, "회개하라 만일 일깨지 아니하면 내가 도둑 같이 이르리니"(3:3).

미지근한 라오디게아 교회에게는, "내가 사랑하는 자를 책망하여 징계하노니 그러므로 네가 열심을 내라 회개하라"(3:19).

회개는 우리의 필요를 온전히 채우시는 하나님과 더 가깝고 완전한 관계를 맺는 일과 깊은 관련이 있다. 이것은 그다음 구절에 잘 나타나 있다. "볼지어다 내가 문 밖에 서서 두드리노니 누구든지 내 음성을 듣고 문을 열면 내가 그에게로 들어가 그로 더불어 먹고 그는 나로 더불어 먹으리라"(계 3:20). 죄는 예수님의 계시를 희미하게 한다. "거룩함을 따르라 이것이 없이는 아무도 주를 보지 못하리라"(히 12:14). 다음 이야기는 이 진리를 생생하게 설명해 준다.

저는 침례신학대학을 다 마친 사람입니다. 학교에 다닐 때 주님은 기도 응답으로 일자리를 주셨고, 거기서 번 돈을 학비에 보탰습니다. 저는 학교 매점에서 서적, 식품, 사탕, 음료수, 커피 등을 판매하는 일을 했습니다. 그런데 가끔 장부에 기록하지 않고 여기저기서 한두 푼씩 갖다 쓰기도 했습니다. 그런데 학교를 졸업하고 일자리도 그만둔 어느 날 주님은 이 죄에 대해 말씀하셨어요. 저는 근심하며 하나님께 죄를 고백하고 용서를 구했습니다. 하지만 그 돈을 갚지는 않았어요.

그러던 어느 날 "하나님을 아는 법"이란 설교 테이프를 듣게 되었습니다. 하나님을 더욱 알고 싶은 열망이 일어났죠. 그래서 저는 기도하고 또 기도했어요. '주님, 주님을 알 수 있게 해주세요' 하고요. 그런데 이 편지를 쓰기 얼마 전, 제가 매점에서 돈을 훔친 것을 하나님이 생각나게 해주셨어요. 그래서 저는 매일 아침 그것을 놓고 기도했어요. 그리고 바로 어제, 제가 갚아야 하는 액수가 35-36년간의 이자까지 합쳐 정확히 얼마가 되는지 알려 달라고 간절한 마음으로 기도했죠.

조이 자매님, 주님이 제게 그 액수를 계시해 주셨을 때 제가 얼마나 놀랐는지 아세요? 너무나 뚜렷하게 제 마음에 떠오른 액수는 377달러(약 40만 원)였어요. 믿어지지 않아서 확신을 달라고 다시 기도했어요. 그리고 오늘 새벽 4시 30분쯤 《오늘의 양식》이라는 작은 책을 읽게 되었답니다.

죄를 숨기는 것

"자기의 죄를 숨기는 자는 형통하지 못하나"(잠 28:13).

AP 연합통신은 40년 동안 죄책감으로 시달려 온 어느 노인의 이야기를 보도한 적이 있다. 그 노인은 누구든 붙잡고 자기 죄를 고백하지 않고서는 더는 못 견딜 것 같았다고 했다. 그래서 40여 년이 지난 지금, 워싱턴의 한 은행에서 수천 달러에 달하는 돈을 횡령한 죄를 자백했다. 노인은 재판장 앞에서 이렇게 진술했다. "저는 40여 년 동안 이 죄 때문에 심한 압박을 받았습니다. 그런데 최근에는 더더욱 짓눌려 도저히 견딜 수가 없었습니다." 모든 진술을 다 들은 재판장은 관용을 베풀었다. "이 경우에는 벌금이 부과되지 않습니다." 그러나 노인은 귀가 어두워져서 이 말을 잘 알아듣지 못했다.

이것은 죄책감은 피할 수 없다는 사실을 단적으로 보여 준다. 세월이 흐르면서 노인은 자기 잘못을 무마해 보려고도 하고 합리화하려고도 했을 것이다. 또 아예 무시해 버린 적도 있을 것이다. 그러나 자기 죄를 인정하기 전에는 죄책감을 없앨 어떠한 해결책도 찾지 못했다.

고백은 죄의 문제를 해결하는 열쇠다. 하나님은 예레미야 3장 13절에서 백성들에게 잘못된 행위를 이제 그만 끊어 버리고, 죄를 인정하라고 거듭 촉구하셨다. 또 예레미야 2장에서 백성들에게 어떻게 그렇게 배은망덕해질 수 있느냐고 애타게 말씀하셨다. 하나님은 마지막으로, 백성들이 완전히 돌이켜 자비를 구하지 않으면 심판하시겠다고 경고하신다(렘 2:35).

오늘날 당신은 어떠한가? 숨기는 죄가 있는가? 죄는 절대 숨길 수 없다. 하나님에게서 벗어날 수 없기 때문이다.

죄의 빚을 탕감하러 예수님 죽으셨네.
용서하기 위한 것일세.
하지만 죄를 핑계 대는 자
그 은혜를 알지 못하리라.

| 묵상 | 죄를 깨달았다면 그것은 반만 회개한 것이다.

그때 또다시 잠언 28장 13절 말씀이 강하게 떠올랐죠. "자기의 죄를 숨기는 자는 형통하지 못하나 죄를 자복하고 버리는 자는 불쌍히 여김을 받으리라."

저는 오늘 아침 일찍 일어나서 하나님 앞에 앉았지만 도무지 기도할 수가 없었어요. 기도하려고 할 때마다 377달러가 내 눈앞에 어른거렸거든요. 하나님은 도둑질한 죄를 지적하며 제 마음을 아프게 찌르셨습니다. 그런데 이상하게도 정말로 병이 났답니다. 몸이 아프긴 했지만 은행에 가서 377달러를 송금환으로 끊었어요. 그 돈은 제게는 큰 액수였어요. 그렇지만 송금환과 함께 용서를 청하는 편지를 신학교 학장님께 보내고 나니 마음의 모든 짐을 다 벗은 것 같았답니다. 수년 동안 눌리고 답답했던 데서 해방된 것이지요.

차를 몰고 집으로 돌아오면서 저는 "이 세상의 모든 죄를"(신 찬송가 261장)이라는 찬송을 부르며 주님께 감사드렸어요. 또 주의 보혈의 승리를 외치면서 주님을 찬양했어요. 저는 하나님과의 더욱더 깊은 교제를 통해 계속 하나님을 알게 될 거라고 믿습니다. 정말로 그분을 알고 싶어요. 자매님의 도움을 받게 되어 주님께 감사드려요. 하나님이 아픈 허리를 고치실 것과, 믿지 않는 친척들을 위한 기도에 응답하실 것을 분명히 믿습니다. 오늘 저는 무척 행복하답니다. 너무 기뻐서 잠을 못 이룰 것 같아요. 예수님은 얼마나 놀라운 구주신지요. 우리가 순종할 때 그분은 무척 기뻐하시지요.

오늘 낮에는 자매님이 순종에 대해 강의하신 테이프를 들었어요. 작은 일에서도 주님께 순종하는 일은 참 즐겁습니다. 제가 꺼내 쓴 돈과 그 이자를 그냥 모른 척할 수도 있었지만 순종했을 때 느끼는 기쁨은 이루 말할 수 없었습니다. 주님을 찬양합니다!

이 사랑스러운 자매는 진리의 말씀을 듣고, 받아들였으며, 진리를 따라 행함으로 자유를 누리게 되었다. 이 자매는 지속적으로 하나님과 새로운 차원의 교제를 나누게 되었다.

히브리서 12장 14절을 잘 보라. "모든 사람과 더불어 화평함과 거룩함을 따르라." 때때로 다른 사람과의 관계를 놓고 회개해야 할 때가 있다. 우리는 우리가 가장 적게 사랑하는 사람과의 거리만큼만 하나님과 가까울 뿐이다. "누구든지 하나님을 사랑하노라 하고 그 형제를 미워하면 이는 거짓말하는 자니 보는바 그 형제를 사랑하지 아니하는 자가 보지 못하는바 하나님을 사랑할 수 없느니라 우리가 이 계명을 주께 받았나니 하나님을 사랑하는 자는 또한 그 형제를 사랑할지니라"(요일 4:20-21).

우리가 성경의 기준에 맞게 살지 못했을 때 회개는 탈출구, 곧 피할 길이다. 회개란 죄에 대한 생각, 마음, 삶이 변했음을 뜻한다. 이 말씀은 예수님이 이 땅에서 복음을 전하실 때도, 초대교회 사람들이 복음을 전할 때도 우선했던 것이다.

예수님이 처음으로 전하신 말씀은 "회개하라"였다. "이때부터 예수께서 비로소 전파하여 이르시되 회개하라 천국이 가까이 왔느니라 하시더라"(마 4:17). 세례 요한이 잡히고 나서 예수님이 가르치신 내용도 이와 같았다. "이르시되 때가 찼고 하나님의 나라가 가까이 왔으니 회개하고 복음을 믿으라 하시더라"(막 1:15). 그분은 또한 열두 제자에게 이 말씀을 전하라고 가르치셨다. "제자들이 나가서 회개하라 전파하고"(6:12). 누가복음만 봐도 주 예수가 전하시는 말씀 속에 회개가 나오는 부분이 열 군데나 있다.

예수님은 제자들과 나눈 마지막 만찬에서 죽음과 부활의 목적이, "그의 이름으로 죄사함을 받게 하는 회개가…모든 족속에게 전파될 것"(눅 24:47)임을 분명하게 말씀하셨다.

오순절 날 베드로가 전한 말씀의 중심은 회개였다(행 2:38). 바울은 "이제는 (하나님이) 어디든지 사람에게 다 명하사 회개하라 하셨으니 이는 정하신 사람으로 하여금 천하를 공의로 심판할 날을 작정하시고"(17:30-31)라고 말씀을 전파했다. 맨 처음 구원받고자 죄를 회개했다면, 회심하고 나서는 살아가며 저지르는 죄를 회개해야 한다. 개괄적으로 고백할 수 있는 죄란 존재하지 않는다. "제가 죄를 지었다면 용서해 주세요"와 같은 고백 말이다. 하나님은 언제나 구체적으로 죄를 깨닫게 하신다.

이러한 죄를 없애는 길은 회개하는 방법밖에 없다. "그러므로 너희가 회개하고 돌이켜 너희 죄 없이 함을 받으라 이같이 하면 새롭게 되는 날이 주 앞으로부터 이를 것이요"(3:19). 욥기 36장 8-12절은 다음과 같이 말한다.

혹시 그들이 족쇄에 매이거나 환난의 줄에 얽혔으면 그들의 소행과 악행과 자신들의 교만한 행위를 알게 하시고 그들의 귀를 열어 교훈을 듣게 하시며 명하여 죄악에서 돌이키게 하시나니 만일 그들이 청종하여 섬기면 형통히 날을 보내며 즐거이 해를 지낼 것이요 만일 그들이 청종치 아니하면 칼에 망하며 지식 없이 죽을 것이니라.

또한 잠언 29장 1절에는 "자주 책망을 받으면서도 목이 곧은 사람은 갑자기 패망을 당하고 피하지 못하리라"고 나와 있다.

사탄은 "죄를 지어도 아무도 모를 거야"라고 거짓을 말하며 우리를 유혹한다. 하나님은 "너희 죄가 반드시 너희를 찾아낼 줄 알라"(민 32:23)고 말씀하신다.

사탄은 "죄를 지어도 너는 피할 길이 있어"라고 말한다. 하나님은 "사람이 무엇으로 심든지 그대로 거두리라"(갈 6:7)고 말씀하신다.

미국 중서부 지방의 어느 주에 기독교를 반대하던 한 농부가 있었는데 주일 아침 자기가 밭을 갈 때 기독교인들이 교회에 가는 것을 보고서 기독교인들을 공개적으로 비판했다. 10월에 그 농부는 그곳에서 가장 많은 수확을 거두어들였다. 그는 신문에 기독교인들을 얕잡아 보는 광고를 내고서, "나 같은 사람이 성공한 것을 보면 하나님을 믿는 믿음은 특별한 것이 아님이 분명해" 하고 말했다. 그다음에 발행된 신문에 기독교인들은 다음과 같이 답했다. "하나님이 언제나 10월에 결산하시는 것은 아니다."

하나님이 놀랄 만큼 오래 참고 인내하시기는 하지만 어떤 죄도 슬쩍 넘어가시지는 않는다는 사실을 깨달아야 한다. 죄는 항상 필연적인 결과를 낳는다. 하나님은 그 어느 누구에게도 그분의 법을 무너뜨리지 않음을 우리에게 알게 하실 때가 있다.

그분은 산타클로스가 아니다. 히브리서 10장 30-31절은 "주께서 그의 백성을 심판하리라 말씀하신 것을 우리가 아노니 살아 계신 하나님의 손에 빠져 들어가는 것이 무서울진저"라고 했다.

연민이란 죄가 우리에게 미친 영향에 대한 우리의 반응이다.

후회란 우리의 죄가 다른 사람에게 미친 영향에 대한 우리의 반응이다.

회개란 말씀에 드러난 죄에 대한 하나님의 관점에 우리가 보이는 반응이며, 그것이 하나님과 다른 사람에 끼치는 영향을 말한다.

7

회개하는 방법

우리는 먼저 성령으로 말미암아 죄에 대한 가책을 느껴야 한다. 죄의 심각성을 깨닫는 일은 우리가 원하지 않을 때에 일어날 수도 있다. 때로는 양심으로 알기도 한다. 또 하나님 말씀을 읽거나 성경을 배우거나 설교를 들을 때 알기도 한다. 죄를 깨닫기를 원하지 않을 수도 있지만, 죄를 인식하는 것은 하나님이 주시는 훌륭한 선물이다. 그것은 '의사'이신 하나님이 우리의 정신과 생각과 영과 몸에 파괴적인 병이 있다고 알려 주시는 경고다. 우리는 의사의 진단을 듣고 병의 치료 여부를 선택할 수 있다. 죄에 대해서도 마찬가지다. 만약 우리가 온전하기를 원한다면, 하나님과 더 친밀한 관계를 맺기 원한다면, '의사'이신 하나님께 순복할 것이다.

다음 기도를 드림으로 우리가 지은 죄를 깨닫게 해 달라고 하나님께 청할 수 있다.

> 하나님이여 나를 살피사 내 마음을 아시며 나를 시험하사 내 뜻을 아옵소서 내게 무슨 악한 행위가 있나 보시고 나를 영원한 길로 인도하소서(시 139:23-24).

> 나의 죄악이 얼마나 많으니이까 나의 허물과 죄를 내게 알게 하옵소서(욥 13:23).

> 자기 허물을 능히 깨달을 자 누구리요 나를 숨은 허물에서 벗어나게 하소서(시 19:12).

하나님의 임재 안에서 기다리며, 그분께 대답할 시간을 드리라. 겸손한 마음은 삶의 습관처럼 하나님이 말씀하시도록 기다린다. 반면 교만한 마음은 이렇게 하지 않는다.

죄를 깨닫고 나서 처음으로 할 일은, 우리가 하나님이 말씀하신 기준에 맞게 살지 못했다고 인정하는 것이다. "사람이 선을 행할 줄 알고도 행하지 아니하면 죄니라"(약 4:17). 그러고서 입술로 고백하라. "만일 우리가 우리 죄를 자백하면 그는 미쁘시고 의로우사 우리 죄를 사하시며 우리를 모든 불의에서 깨끗하게 하실 것이요"(요일 1:9). 그리고 그 죄를 향한 우리의 마음을 바꾼다. "나는 이 죄에 관해 나의 길이 아니라 하나님의 길로 간다고 선택한다."

고백과 회개에는 막대한 차이가 있다. 잠언 28장 13-14절에 "자기의 죄를 숨기는 자는 형통하지 못하나 죄를 자복하고 버리는 자는 불쌍히 여김을 받으리라 항상 경외하는 자는 복되거니와 마음을 완악하게 하는 자는 재앙에 빠지리라"고 나온다. 또 디모데후서 2장 19절은 이렇게 말한다. "하나님의 견고한 터는 섰으니 인침이 있어 일렀으되 주께서 자기 백성을 아신다 하며 또 주의 이름을 부르는 자마다 불의에서 떠날지어다 하였느니라."

바로는 죄를 고백했지만 절대 회개하지 않았다. "바로가 사람을 보내어 모세와 아론을 불러 그들에게 이르되 이번은 내가 범죄하였노라 여호와는 의로우시고 나와 나의 백성은 악하도다"(출 9:27). 모세의 대답은 아주 중요하다. 30절을 보면 모세는 "그러나 왕과 왕의 신하들이 여호와 하나님을 아직도 두려워하지 아니할 줄을 내가 아나이다"라고 했다. 바로가 회개하지 않았음은 34절에 나오는 그의 행위를 보고 알 수 있다. "바로가 비와 우박과 우렛소리가 그친 것을 보고 다시 범죄하여 마음을 완악하게 하니 그와 그의 신하가 꼭 같더라."

사울 왕은 회개 없이 고백한 사람 중 하나다. 다윗이 사울에게 왜 자기를 죽이려 하냐고 묻자 사울은 자신의 잘못을 깨닫고 울기까지 했지만 절대 자신의 죄를 회개하지는 않았다. "다윗에게 이르되 나는 너를 학대하되 너는 나를 선대하니 너는 나보다 의롭도다"(삼상 24:17). 그러고서 그는 똑같은 죄를 또 범했다. 이에 다윗이 호소하자, "내가 범죄하였도다 내 아들 다윗아 돌아오라 네가 오늘 내 생명을 귀하게 여겼은즉 내가 다시는 너를 해하려 하지 아니하리라 내가 어리석은 일을 하였으니 대단히 잘못되었도다"(26:21) 하고 고백한다. 그러나 죄의 열매인 살인 기도는 고백했지만, 시기와 교만이라는 죄의 뿌리는 절대 회개하지 않았다.

이제 마음의 변화를 위한 준비가 되었다. 우리는 우리가 원해서 죄를 선택했음을 인정한다. 우리에게 그 죄를 원하는 마음이 있었다. 잠언 8장 13절은 "여호와를 경외하는 것은 악을 미워하는 것이라"고 한다. 죄를 사랑하는 데서 돌이켜 죄를 미워하는 마음의 변화가 절실하다. 우리는 하나님을 경외하게 해 달라고 구하고 믿음으로 그것을 받아야 한다. 하나님이 죄를 미워하시듯 우리도 같은 태도를 취하게 해 달라고 구하는 것이다. "여호와를 경외함으로 말미암아 악에서 떠나게 되느니라"(16:6).

잠언 28장 14절은 "항상 경외하는 자(죄를 미워하고 벗어 버리기 원하는 자)는 복되거니와 마음을 완악하게 하는 자는 재앙에 빠지리라"고 말한다. 하나님을 경외할 때 온전히 죄를 회개하고 싶어질 것이다.

그다음에는 죄를 하나님의 관점에서 보아야 한다. 우리는 우리가 저지른 특정한 죄를 성경이 어떻게 말하는지 알아야 한다. 바로, 성경말씀을 찾는다는 뜻이다. 찾으면서, "하나님, 하나님이 이 죄를 어떻게 생각하시는지, 어떻게 느끼시는지 보여 주세요"라고 기도해야 한다. 또 "하나님이 제 마음을 어떻게 보시는지도 알려 주세요"라고 기도해야 한다. 역대하 6장 30-31절은 "주는…각 사람의 마음을 아시오니 그의 모든 행위대로 갚으시옵소서 주만 홀로 사람의 마음을 아심이니이다 그리하시면 그들이…사는 동안에 항상 주를 경외하며 주의 길로 걸어가리이다"라고 기록한다. 또 우리는 행위 뒤에 숨은 동기를 보여 달라고도 구해야 한다. "스스로 깨끗한 자로 여기면서도 자기의 더러운 것을 씻지 아니하는 무리가 있느니라"(잠 30:12).

하나님은 이러한 기도에 즉각 응답하실지도 모른다. 어느 때는 나의 부족함은 보지 못하고 다른 사람을 바로잡으려 했던 부분을 보게 하셨다. 그래서 나는 하나님과 사람들 앞에서 나의 행동이 교만이라는 죄의 뿌리에서 나왔다고 울며 고백했다.

하나님의 관점대로 우리 마음을 보기 전에 야곱처럼 하나님과 씨름해야 할지도 모른다. 하나님은 우리가 이 영적 수술을 얼마나 원하는지 보시려고 우리를 시험하시기도 한다. 우리 마음을 하나님이 보시는 대로 보는 일은 몹시 어려운 일일 수도 있다. 교만이나 불신 같은 죄의 뿌리를 그대로 직면해야 하기 때문이다. 하지만 동시에 너무 멋진 일이다. 자유로워지기 때문이다. 예수님은 "진리를 알지니 진리가 너희를 자유롭게 하리라"(요 8:32)고 말씀하셨다. 《삶을 변화시키는 하나님의 불》을 보면, 내 마음을 그대로 보게 해 달라는 기도에 하나님이 응답하신 내용과 그 결과 어떤 일이 있었는지 상세히 나온다. 또 책에서 〈깨어짐을 통한 성령의 임재〉(The Release of the Spirit through Brokenness)라는 말씀 테이프를 소개했다. 이 말씀은 많은 사람을 자유롭게 하는 데 독특하게 사용되어 왔다. 자신의 마음이 드러날 때까지 기도하는 것이 중요하다.

내가 이 주제로 전하는 말씀을 7년 동안 여러 번 들은 국제성경학교 교사가 한 명 있다. 이 친구는 말씀을 듣고 나면 매번 하나님께 구했지만, 충분히 기다리지 않았다. 그런데 어느 날은 어떤 대가를 지불하든 계시가 올 때까지 하나님의 임재 안에 홀로 머물겠다고 결단했다. 그때 7시간 동안이나 하나님을 기다렸다고 한다. 그런데 그 후 하나님이 깊은 차원에서 자신을 만나 주셨다고 했다. 하나님은 교만이라는 죄의 뿌리가 삶의 거의 모든 영역에 영향을 미치고 있음을 보여 주셨다. 죄를 그대로 보는 일은 끔찍했으나, 전적으로 삶이 변하는 귀한 체험을 했다.

이 귀한 하나님의 여인은, 성령이 인도하시면 얼마든지 자신의 경험을 나누어 달라고 내게 부탁했다. 자신의 체험이 진리를 듣고 적용하지 않아서 성령에 불순종하는 사람들에게 엄한 경고가 되기를 바랐기 때문이다. 물론 나는 그 친구의 이름은 밝히지 않기로 했다. 어쨌든 자신의 이야기를 기꺼이 나누려는 마음에 무척 감사할 뿐이다.

진리를 알면 그 진리에 순종해야 하는 책임이 생긴다. 하나님은 공의로우시다. 그래서 진리를 듣고 기쁘게 순종하는 사람들에 비추어 우리의 행동을 헤아리실 수밖에 없다.

8
진정한 용서

삶에서 우리에게 영향을 미쳐 죄를 짓게 하는 다른 영역이 있는지 보여 달라고 하나님께 구해야 한다. 예를 들어, 집안 대대로 내려오는 죄에서 자유로워져야 할지도 모른다. 남편의 이야기를 예로 들어 이 점을 설명하려고 한다.

결혼 수년 동안 나는 농담이라고는 하지만 짐이 왜 다른 사람 앞에서 나를 얕잡아 보는 말을 하는지 궁금했다. 하지만 우리끼리만 있을 때는 절대 그러지 않았다. 어느 날 나는 시아버지가 시어머니께 아주 똑같이 행동하는 모습을 보았다고 하면서 슬며시 이 주제를 꺼냈다. 시부모님은 평생토록 친밀하셨고, 이미 오래전에 하늘나라에 가신 분들이었다.

남편은 그전에는 이 행동 방식을 인식하지 못했으나 내가 나눈 말이 정당하다고 인정했다. 남편은 하나님 앞에서 회개하고 내게 용서를 구했으며, 나는 거리낌 없이 용서해 주었다. 우리는 이것이 가계에 흐르는 죄임을 깨닫고서 주 예수 그리스도의 이름의 권세를 선포하며 악한 영들을 대적했다. 그리고 마태복음 18장 18절에 의거해 그 영향력을 묶고 남편을 사로잡은 그 세력이 끊어질 것을 명령했다. 우리는 하나님 말씀과 보혈의 능력, 예수의 이름이 자유롭게 할 것임을 알고, 하나님께 찬양을 드렸다. 남편은 완전히 자유로워졌다. "그러므로 아들이 너희를 자유롭게 하면 너희가 참으로 자유로우리라"(요 8:36).

그 후 몇 년이 지나고 우리는 사역으로 스코틀랜드를 여행하던 중, 교회 교구목사인 남편의 사촌을 방문했다. 원래 스코틀랜드 출신인 시부모님은 뉴질랜드로 이민을 가셨다. 남편은 이민을 간 후에 태어났다. 모두 저녁 식탁 주위에 둘러앉았을 때 나는 남편이 말하는 방식에 대해, 또 우리 결혼에 일어난 변화에 대해 사촌에게 이야기해 주었다. 사촌은 시아버지가 보인 행동 방식이 파이프 주(Fife Shire)에서 자란 데서 기인한다고 설명했다. 그 지역에는 농담으로 사람을 얕잡아 보는 뿌리 깊은 생활 습관이 있었다. 사촌의 설명으로 우리는 다시 한 번 남편에게 전해 내려온 죄를 반드시 끊어야 한다고 느꼈다.

사실 우리는 농담을 대단히 좋아하는 국제적인 선교사 가족으로, 성령이 깊이 죄를 깨닫게 하실 때까지 인종에 관련된 농담을 즐겨한 범죄자였다. 하나님의 자비에 감사한다. 종류와 상관없이 모든 인종 관련 농담은 언제나 상대를 얕잡아 보는 내용이기에 겸손하고 사랑하라는 성경말씀과 반대된다. 농담이 상대를 격하한다면, 절대 농담해서는 안 된다. 그러한 농담은 교만에서 나오기 때문이다.

하나님 말씀은 겸손과 사랑을 함께 이야기한다. 몇 가지 예를 들면 이와 같다. "모든 겸손과 온유로 하고 오래 참음으로 사랑 가운데서 서로 용납하고 평안의 매는 줄로 성령이 하나 되게 하신 것을 힘써 지키라"(엡 4:2-3). "형제를 사랑하여 서로 우애하고 존경하기를 서로 먼저 하며"(롬 12:10).

우리는 치유가 필요한 과거의 깊은 상처와 안 좋은 경험 때문에 부정적으로 행동하거나 반응하기도 한다. 그 사람의 마음이 상처를 입었을지도 모른다. 만일 이것이 원인이라면 성령이 보여 주실 것이며, 그로 인한 상처를 치유해 주실 것이다.

상처 준 사람을 완전히 용서했다면, 믿음으로 아버지께 나아가 예수의 능력 있는 이름으로 치유해 달라고 구하기만 하면 된다. 나는 잠재의식에 있는 상처까지 초자연적으로 치유받는 놀라운 역사를 여러 번 목격했다. 이사야 53장 4-5절에 나오는 하나님의 약속을 믿으라. "그는 실로 우리의 질고를 지고 우리의 슬픔을 당하였거늘 우리는 생각하기를 그는 징벌을 받아 하나님께 맞으며 고난을 당한다 하였노라…그가 징계를 받으므로 우리는 평화를 누리고 그가 채찍에 맞으므로 우리는 나음을 받았도다." 우리에게 상처 준 사람들을 용서하는 일이 어떤 때는 몹시 어렵다는 점을 잘 안다. 그러나 하나님은 용서할 수 있는 능력을 주신다. "너희는 하나님의 은혜에 이르지 못하는 자가 없도록 하고 또 쓴 뿌리가 나서 괴롭게 하여 많은 사람이 이로 말미암아 더럽게 되지 않게 하며"(히 12:15).

다음 원칙을 적용하고 계속 지킬 때 온전하게 용서할 수 있다.

1. 용서란 의지의 행위임을 깨달아야 한다. 우리는 용서를 원해야 한다. 원한은 마음과 몸과 영에 강한 파괴력을 행사하기 때문에, 용서하기로 마음먹는 것은 우리에게도 유익이다. "평온한 마음은 육신의 생명이나 시기는 뼈를 썩게 하느니라"(잠 14:30).

2. 상처 준 사람들을 용서하지 않으면 우리도 하나님께 용서받지 못한다는 점을 깨달아야 한다. "너희가 사람의 잘못을 용서하면 너희 하늘 아버지께서도 너희 잘못을 용서하시려니와 너희가 사람의 잘못을 용서하지 아니하면 너희 아버지께서도 너희 잘못을 용서하지 아니하시리라"(마 6:14-15). "서서 기도할 때에 아무에게나 혐의가 있거든 용서하라 그리하여야 하늘에 계신 너희 아버지께서도 너희 허물을 사하여 주시리라"(막 11:25).

3. 하나님이 우리를 용서하셨음을 생각해 본다. "서로 친절

하게 하며 불쌍히 여기며 서로 용서하기를 하나님이 그리스도 안에서 너희를 용서하심과 같이 하라"(엡 4:32). "주께서 너희를 용서하신 것같이 너희도 그리하고"(골 3:13).

4. 우리에게 상처 준 사람들을 통해 하나님이 우리에게 주신 축복을 생각해 보라. 그리고 감사한다. "범사에 감사하라 이것이 그리스도 예수 안에서 너희를 향하신 하나님의 뜻이니라"(살전 5:18).

5. 상처 준 사람이 그 당시에 느꼈을 필요, 곧 마음과 몸과 영의 필요를 생각해 본다. 그때 그들이 느꼈을 필요는 아마도 우리가 느끼는 것보다 더 클 것이다.

6. 그 사람들을 사랑하고 용서할 수 있는 하나님의 초자연적 능력을 달라고 구하라. 그리고 믿음으로 받아들인다. 성령이 역사하시지 않으면 우리는 자유로워질 수 없다. "우리에게 주신 성령으로 말미암아 하나님의 사랑이 우리 마음에 부은 바 됨이니"(롬 5:5). "믿음이 없이는 하나님을 기쁘시게 하지 못하나니 하나님께 나아가는 자는 반드시 그가 계신 것과 또한 그가 자기를 찾는 자들에게 상 주시는 이심을 믿어야 할지니라"(히 11:6).

7. 하나님의 사랑을 말과 행위로 표현할 기회를 달라고 구한다. "누가 이 세상의 재물을 가지고 형제의 궁핍함을 보고도 도와줄 마음을 닫으면 하나님의 사랑이 어찌 그 속에

거하겠느냐 자녀들아 우리가 말과 혀로만 사랑하지 말고 행함과 진실함으로 하자"(요일 3:17-18).

8. 그들을 위해 중보기도한다. 하나님이 그 사람들을 축복, 격려, 위로하시고 그들에게 힘을 주시도록, 가장 깊은 필요를 채워 주시도록 기도한다. "나는 너희에게 이르노니 너희 원수를 사랑하며 너희를 박해하는 자를 위하여 기도하라"(마 5:44).

9. 온전히 용서했다면 그들이 우리에게 어떻게 잘못했는지 말하고 싶지 않을 것이다. "무엇보다도 뜨겁게 서로 사랑할지니 사랑은 허다한 죄를 덮느니라"(벧전 4:8).

과거의 기억에서 돌연 공포가 엄습할 수도 있다. 그것을 기억나게 해 달라고 구하고, 또한 치유해 달라고 기도하라. 우리를 구원하겠다고 하신 하나님의 약속을 믿으라. "하나님이 우리에게 주신 것은 두려워하는 마음이 아니요 오직 능력과 사랑과 절제하는 마음이니"(딤후 1:7). "내가 여호와께 간구하매 내게 응답하시고 내 모든 두려움에서 나를 건지셨도다"(시 34:4).

이제 우리는 삶의 변화를 위한 준비가 되었다. 이 죄가 더는 우리의 일부가 되지 않게 하겠다고 결정했다. 그러므로 우리의 습관을 어떻게 바꿔야 하는지 보여 달라고 하나님께 구하면, 그분이 친히 보여 주시리라 믿는다.

열쇠는 언제나 하나님의 말씀이다. "예수께서 자기를 믿은 유대인들에게 이르시되 너희가 내 말에 거하면 참으로 내 제자가 되고 진리를 알지니 진리가 너희를 자유롭게 하리라"(요 8:31-32). 성경말씀에서는 습관적 죄를 무엇이라고 하는지 찾아보면 큰 도움이 된다. 예를 들어, 혀를 제어하는 데 어려움을 느낀다면(누군들 그러지 않겠는가?) 그 주제를 다루는 성경구절 목록을 만들어 그 말씀을 자주 묵상하라. 그렇게 하면 놀라운 일이 일어날 것이다!

자신을 낮추고, 하나님이 인도하시는 대로 잘못을 저지른 사람에게 배상하는 것도 회개다. 바울은 사도행전 26장 20절에서 이 부분을 언급한다. "회개하고 하나님께로 돌아와서 회개에 합당한 일을 하라 전하므로." 나는 우리가 하나님뿐 아니라 적어도 한 사람 앞에서 자신을 낮추고, 죄를 고백하며, 기도해 달라고 부탁할 준비가 되어 있어야 한다고 믿는다. 하나님이 그분의 목적을 위해 우리에게 붙이신 사람 앞에서 우리 자신을 낮출 때 오로지 성령의 능력이 임한다. 이사야 66장 2절은 "무릇 마음이 가난하고 심령에 통회하며 내 말을 듣고 떠는 자 그 사람은 내가 돌보려니와"라고 말씀한다. 하나님은 우리가 깨지고 통회할 때 누구에게 말해야 하는지 아신다. "그러므로 너희 죄를 서로 고백하며 병이 낫기를 위하여 서로 기도하라"(약 5:16).

이제는 하나님께 우리가 당연히 받아야 할 벌을 주시지 말고 자비를 베풀어 달라고 구할 준비가 되었다. 하박국 선지자는 "진노 중에라도 긍휼을 잊지 마옵소서"(합 3:2)라고 기도했다. 다윗도 그 점을 깊이 이해했다. 그의 부르짖음을 들어 보라. "주여 내게 은혜를 베푸소서 내가 종일 주께 부르짖나이다…주는 선하사 사죄하기를 즐거워하시며 주께 부르짖는 자에게 인자함이 후하심이니이다"(시 86:3-5).

하나님은 진정으로 회개하는 마음에 기꺼이 자비를 베푸신다. 또 그 자비로 말미암아 우리가 다른 사람 앞에서 낮아질 수 있음에 감사하라. 우리가 우리 죄를 다른 사람에게 알릴 때, 그 사람이 하나님과 우리 사이에 서서 그분이 우리에게 더 자비를 베풀어 주시도록 중보해 달라고 부탁할 수 있다. 나는 이 원칙이 내 평생에, 그리고 다른 사람들의 삶에 능력 있게 작용함을 보아 왔다.

우리는 믿음으로 하나님의 용서와 자비를 받을 뿐 아니라 그분이 우리를 용서하셨기에 자기 자신을 용서할 수 있다. 이것은 싸움이다. 나에게도 그러했다. 나는, 나의 죄를 계속해서 들쑤시면, 보혈의 능력을 제한할뿐더러 그것이 내 죄를 용서하신 하나님의 자비와 능력을 모욕하는 행위라는 사실을 깨달았다. 미가 7장 18-19절은 진정으로 회개하는 마음에 큰 위로가 된다.

주와 같은 신이 어디 있으리이까 주께서는 죄악과 그 기업에 남은 자의 허물을 사유하시며 인애를 기뻐하시므로 진노를 오래 품지 아니하시나이다 다시 우리를 불쌍히 여기셔서 우리의 죄악을 발로 밟으시고 우리의 모든 죄를 깊은 바다에 던지시리이다.

마지막으로 우리를 통치하시는 성령의 능력에 날마다 순종할 때 계속해서 자유로울 것임을 믿음으로 선포해야 한다. "그리스도께서 우리를 자유롭게 하려고 자유를 주셨으니 그러므로 굳건하게 서서 다시는 종의 멍에를 메지 말라"(갈 5:1).

다음 목록을 자주 살펴보며 회개해야 하는지 점검해 보라. 이것은 건강한 영적 훈련이다.

- 모든 거짓된 행위와 모순
- 기도하지 않음, 불순한 동기
- 전도하지 않음, 분열
- 시기, 원한, 경쟁
- 판단, 비평, 사람을 두려워함
- 반항, 불신, 돈을 사랑함
- 물질주의, 불순종
- 모든 성적인 불순함
- 지상 명령에 불순종함
- 결혼의 신성함을 경시함

- 하나님을 경외하지 않음, 즉 죄를 진정으로 미워하지 않음
- 하나님 말씀을 보며 그분의 성품과 길을 연구하는 시간이 부족함, 하나님과 보내는 시간이 충분하지 않음
- 교만: 자기를 높이고 다른 사람에게 인정받으려고 함으로써 하나님의 영광을 자신이 가로채려 함
- 불신: 우리를 통해 일하시는 하나님의 능력을 믿지 않음
- 추정: 하나님이 말씀하실 때까지 기다리지 못함, 인도해 달라고 그분의 얼굴을 구하지 못함
- 세상 영이 우리의 생각과 행동에 영향을 주도록 허락함

죄를 회개해야 하는 목적

1. 십자가에서 죽으심으로 죄의 파괴에서 우리를 구원하시려 큰 대가를 치르신 주 예수님을 더는 슬프게 하지 않으려고(고후 5:21).
2. 하나님을 능히 섬길 수 있게 하시는 성령의 능력을 소멸하지 못하도록(살전 5:19).
3. 점점 더 예수를 닮아감으로 삶의 목적을 달성하고자(롬 8:29).
4. 하나님과 친밀한 관계를 맺으며 삶의 온전한 만족을 찾을 수 있도록(시 25:14).

5. 마음과 몸과 영을 파괴하는 세력에서 우리 자신을 보호하고자. "죄의 삯은 사망이요"(롬 6:23).

6. 우리의 믿음을 다른 사람에게 좀 더 효과적으로 나누고, 더 많은 사람을 예수님께 데려올 수 있도록(마 4:19; 잠 11:30; 행 1:8).

7. 우리에게 절실한 부흥과 영적 각성이 일어날 수 있도록. 교만과 불신과 기도하지 않음이라는 악한 길에서 돌이키고자(대하 7:14).

8. 어린양의 혼인 잔치에 흠 없는 신부로 준비되고자(엡 5:27; 계 19:6-7).

9. 그리스도의 심판의 자리에 서면 하나님께서 우리에게 예수님을 알고, 전하라고 주신 기회를 어떻게 활용했는지 설명해야 한다. 그때를 준비하기 위해(고후 5:10).

10. 영원토록 하나님을 섬기도록 준비되기 위해. 우리가 이 땅에서 어떻게 사느냐가 하늘에서 받는 특권과 책임을 결정한다.

9
생각에서 시작되는 죄

모든 죄는 마음속의 생각에서 비롯된다. 따라서 생각이 거룩하면 그만큼 거룩한 사람이 된다. "대저 그 마음의 생각이 어떠하면 그 위인도 그러한즉"(잠 23:7).

우리가 떠드는 말이 이 땅에서 요란스럽게 들리는 것처럼, 하늘에서는 우리의 생각이 요란스럽게 들리지 않을까? "여호와께서 악인의 생각은 미워하셔도 마음이 순결한 사람의 생각은 기뻐하신다"(잠 15:26, 현대인의 성경). 만약 하루 동안 우리가 한 모든 생각을 누구나 볼 수 있게 벽에 죽 써 붙인다면 어떨까? 하나님은 예전에 그렇게 한 적이 있으셨다. 얼마든지 또다시 할 수 있으시다!

다니엘 5장 24-28절을 보면, 벨사살 왕의 궁전 벽면에 하나님이 왕의 생활에 대한 평가와 심판을 직접 쓰신 장면이 나온다.

바로 그날 밤, 왕은 죽었다.

또 성경에 간음한 여인이 현장에서 잡혀 예수님 앞에 끌려왔을 때, 예수님은 몸을 굽히고 손가락으로 땅에 쓰셨다고(요 8:6, 8) 두 번씩이나 기록되어 있다. 예수님이 쓰시기를 마치자 여인을 참소하던 자들은 한 명도 남지 않고 모두 다 물러갔다. 그 사람들도 생각과 행위에서 똑같이 죄를 지었기 때문이다.

말과 행위만 회개하는 것은 충분하지 않다. 악한 생각까지 회개해야 한다. "악인은 그의 길을, 불의한 자는 그의 생각을 버리고 여호와께로 돌아오라 그리하면 그가 긍휼히 여기시리라 우리 하나님께로 돌아오라 그가 너그럽게 용서하시리라"(사 55:7). "나의 반석이시요 나의 구속자이신 여호와여 내 입의 말과 마음의 묵상이 주님 앞에 열납되기를 원하나이다"(시 19:14).

다윗 왕은 간음죄를 회개할 때, 하나님께 이렇게 기도하였다. "주는 중심에 진실을 원하십니다. 내 마음 깊은 곳에 지혜를 가르치소서"(시 51:6, 현대인의 성경). 여기에서 "중심"이라는 말과 "내 마음 깊은 곳"은 다윗의 생각을 가리킨다. 음란한 행위를 저지른 사람이라면 누구나 다 알듯이, 몸으로 짓는 죄는 곧 마음속의 정욕에서 비롯된다. 다윗은 이 사실을 잘 알았다. 이것이 곧 "지혜를 가르치소서" 하고 구한 이유다. 다윗은 자신의 생각에 여호와를 경외하는 마음이 있기를 소망했다. 왜냐하면 "여호와를 경외함이 지혜의 근본"(시 111:10)이기 때문이다. 예수님은 산상수훈에서 이 말씀을 분명히 하시며, 이것이 제7계명이라고 명확히 선언하셨다. "음욕을 품고 여자를 보는 자마다 마음에 이미 간음하였느니라"(마 5:28).

아내에게 불성실한 사람이 드리는 예배와 희생 제물을 하나님이 달가워하시지 않는 이유를 성경은 이렇게 밝힌다.

> 너희가 이런 일도 행하나니 곧 눈물과 울음과 탄식으로 여호와의 제단을 가리게 하는도다 그러므로 여호와께서 다시는 너희의 봉헌물을 돌아보지도 아니하시며 그것을 너희 손에서 기꺼이 받지도 아니하시거늘 너희는 이르기를 어찌 됨이니이까 하는도다 이는 너와 네가 어려서 맞이한 아내 사이에 여호와께서 증인이 되시기 때문이라 그는 네 짝이요 너와 서약한 아내로되 네가 그에게 거짓을 행하였도다 그에게는 영이 충만하였으나 오직 하나를 만들지 아니하셨느냐 어찌하여 하나만 만드셨느냐 이는 경건한 자손을 얻고자 하심이라 그러므로 네 심령을 삼가 지켜 어려서 맞이한 아내에게 거짓을 행하지 말지니라(말 2:13-15).

사탄은 언제든지 온갖 죄를 짓도록 우리를 유혹한다. 그러나 불신앙, 정욕, 교만, 비난, 불순종을 불문하고 어떤 죄든, 우리가 하나님을 경외하는 마음을 구하고 믿음으로 받아들인다면 그만큼 죄의 유혹에 매력을 느끼지 못할 것이다. 또 죄에 대하여 예수님과 똑같은 태도를 취하며 즉시 사탄에게 말할 수 있을 것이다. "어림도 없다! 난 네가 주는 생각을 싫어한다. 난 내가 싫어하는 건 하지 않을 것이다. 주 예수 그리스도의 이름으로 너를 대적한다. 야고보서 4장 7절에 '마귀를 대적하라 그리하면 너희를 피하리라'고 기록되어 있다."

하나님은 우리의 악한 생각을 순결한 생각으로 바꾸라고 말씀하신다. "끝으로 형제들아 무엇에든지 참되며 무엇에든지 경건하며 무엇에든지 옳으며 무엇에든지 정결하며 무엇에든지 사랑받을 만하며 무엇에든지 칭찬받을 만하며 무슨 덕이 있든지 무슨 기림이 있든지 이것들을 생각하라"(빌 4:8). AMP 성경은 마지막 구절을 "이것에 너희 생각을 몰두하라"고 기록한다. 이것이 신중하고 결단력 있는, 연단받은 사람의 의지적 행위다.

주 예수 그리스도의 모습을 생각해 보라. 아름다운 꽃이나 풍경을 바라보라. 그러면 창조주 하나님을 저절로 찬양하게 될 것이다. 하나님 말씀을 큰소리로 읽어 보라. 하나님을 찬양하라. 시편이나 다른 성경구절을 노래로 불러 보라. 빛은 어두움보다 더 강하다! 진리는 거짓보다 강하다. 그것을 계속해서 선포하라! "악에게 지지 말고 선으로 악을 이기라"(롬 12:21).

그러면 악한 생각이 마음에 떠오를 때 그것이 사탄에게서 온 것인지 자기 생각인지 어떻게 구별할 수 있는가? 그 답은 아주 간단하다. 그런 생각이 들 때 즉각적으로 나타나는 반응을 보고 알 수 있다. 즉, 어떤 생각이 들었을 때 즉각 미워하는 마음이 일어나면 그것은 우리 마음에서 나오는 생각이 절대로 아님을 알 수 있다. 우리의 생각 속에서 역사하는 사탄으로 말미암은 것이다. 그러므로 만일 우리에게 비판적인 생각, 악한 생각, 용서하지 않으려는 생각, 정욕을 일으키는 생각, 믿지 못하게 하는 생각이 들어올 때 미워하는 마음이 즉각적으로 일어나지 않는다면, 우리 마음 한구석에 아직도 그 죄를 사랑하는 마음이 있는 것이다. 그러면 우리는 이 부분에 대한 숙제가 남아 있음을 알고, 죄를 사랑하는 마음을 하나님을 경외하는 마음으로 바꿔 주시도록 기도해야 한다.

만일 신앙생활을 하면서도 특정 부분에 대한 사탄의 공격이 계속된다면 다음 사실을 기억하라. 악한 영들은 우리 입을 통해 나오는 말을 엿듣거나 우리가 하는 행동을 관찰함으로써 우리를 파악한다는 사실이다. 악한 영들은 전지하지 않다. 즉, 모든 것을 다 알지 못한다. 그러나 우리의 연약하고 상처받기 쉬운 약점을 골라서 공격한다. 우리가 하는 말을 듣고, 하는 행동을 보면서 약점을 캐낸다. "이는 마음에 가득한 것을 입으로 말함이라"(마 12:34). 그러므로 모든 죄의 출발점인 우리의 생각에 하나님을 경외하는 마음이 가득하게 하라.

에스겔 선지자는 영적 지도자들의 생각에 대한 계시를 받았다. 에스겔이 맨 처음 본 것은 그들의 마음속에 있는 투기였고 다음은 우상숭배였다. 에스겔 8장 12절은 "또 내게 이르시되 인자야 이스라엘 족속의 장로들이 각각 그 우상의 방안 어두운 가운데에서 행하는 것을 네가 보았느냐 그들이 이르기를 여호와께서 우리를 보지 아니하시며 여호와께서 이 땅을 버리셨다 하느니라"고 말한다.

우리의 생각이 순결한 만큼 우리도 순결하다. 우리의 생각이 깨끗한 만큼 우리는 능력 있는 사역을 할 수 있다. 하나님을 경외하는 마음을 품기로 결정하고 믿음으로 받아들이는 사람들이 있는 곳에서는 능력 있는 성령의 역사가 나타난다. 즉, 남녀노소를 가리지 않고 하나님을 경외하는 사람들의 생각은 순결하며, 그렇기에 성령이 능력 있게 역사하실 수 있다.

다음은 하나님을 경외하는 마음에 관한 설교 테이프를 듣고 내게 편지를 띄운 어느 젊은 여인의 이야기다.

저는 이제야 하나님이 바라시는 대로 그분을 경외해 본 적이 없다는 사실을 깨달았습니다. 지금까지 전 생각 속에서 참으로 힘겨운 싸움을 해 왔습니다. 로마서 13장 14절에서 바울이 말한 것처럼 정욕을 위하여 육신의 일을 도모하지 말아야 하는 줄은 알았지만, 또 유혹과 싸워야 한다고 알았지만, 유혹은 언제나 제 마음속에 버젓이 남아 있었습니다.

그렇게 계속되었던 유혹과 죄는 바로, 마음속에 음란한 생각을 품는 것입니다. 제가 그리스도인이 된 지는 6년이 되었는데, 제 남편은 아직 믿지 않습니다.

밤에 꿈을 꿀 때면 어떤 젊은 남자가 나타나 저를 유혹합니다. 그가 음흉한 말과 행동을 하는 것은 아닙니다. 그렇지만 저는 알고 있어요. 감정이 오고 가는 것을 그 남자도 알고 있고요. 거기에는 말이 필요 없어요. 눈으로 알 수 있으니까요. 하나님께 도와 달라고 소리 내어 기도하지만, "내가 나의 마음에 죄악을 품었더라면 주께서 듣지 아니하시리라"는 시편 66편 18절 말씀이 생각나 하나님이 제 기도를 듣지 않으시는 것만 같았어요.

여인은 나의 설교에 나오는 한 예화를 통해 이 문제에 대한 해결책을 얻었다고 했다. 그 예화란 스위스에서 있었던 국제 예수전도단의 전도학교에서 일어난 일이었다. 그때 나는 전도학교 학생들에게 성찬에 참여하려면 고린도전서 11장 27-29절 말씀에 따라 주님 앞에서 마음을 준비해야 한다고 가르쳤다.

그러므로 누구든지 주의 떡이나 잔을 합당하지 않게 먹고 마시는 자는 주의 몸과 피에 대하여 죄를 짓는 것이니라 사람이 자기를 살피고 그 후에야 이 떡을 먹고 이 잔을 마실지니 주의 몸을 분별하지 못하고 먹고 마시는 자는 자기의 죄를 먹고 마시는 것이니라.

이어서 학생들에게 하나님을 찾으라고 시간을 주었다. 자신의 생활에 잘못된 것이 없는지 하나님이 보여 주시도록 구하는 시간이었다. 마음을 정결하게 함으로써 하나님의 평강이 임할 때 자유 속에서 성찬에 참여할 수 있다.

그때 한 자매가 나를 찾아와서 성찬에 참여하기에는 양심의 거리낌이 있는데 그 이유는 확실히 모르겠다며 자기를 위해 하나님께 기도해 달라고 했다. 나는 하나님께 기도하였다. 그런데 곧 모든 것이 밝혀졌다. 하나님이 내게 성령을 통해 보여 주셔서 알게 된 점은 이 자매가 이성 관계에서 하나님을 경외하는 마음이 없다는 점이었다. 형제들의 성적 충동을 유발하는 자매의 태도와 옷차림에서도 이 사실을 알 수 있었다. 나는 이러한 부분을 자매와 나누었다.

자매는 곧 이것이 문제였다고 확신하고 죄를 빨리 인정했다. 그러고는 하나님 앞에서 깊이 회개하고, 교만에 뿌리를 둔 죄를 미워하는 마음을 주시도록 기도하였다. 사실 자매는 전도학교에 있던 몇몇 형제를 유혹하고 싶다는 생각도 했는데, 이러한 죄를 하나님께 고백하고, 처음으로 용서를 구했다. 그러고서 정결한 심령으로 성찬에 참여하였다.

해를 거듭하면서 그 자매는 그때 일이 자기의 인생을 바꿔 놓은 놀라운 경험이었다고 간증한다. 나는 지금도 그 자매와 교제하고 있다. 이제 그 자매는 생활 속에서 늘 하나님을 경외하는 마음을 품으며 산다.

테이프를 들은 여인은 자기도 마찬가지라며 편지를 보냈다. 그 여인은 자신도 회개하고 하나님께 용서를 구해야겠다는 생각이 들었다고 한다.

여인은 편지에 이렇게 적었다. "주님은 이런 일을 통해 저를 가르치려고 하셨습니다. 제가 있는 그대로 죄를 인정하고, 회개하며 주님께 용서를 구하고, 용서받을 수 있도록 말입니다. 그리고 하나님을 경외하는 마음을 품어야 한다고 생각했습니다. 또 하나님이 말씀하시면 그 말씀대로 당사자를 찾아가 잘못에 대한 보상을 해줘야 한다는 마음도 들었습니다. 그러면 미쁘시고 의로우신 하나님이 나의 죄를 용서하시지요. 그런데 이 진리에 순종했을 때 오히려 정욕의 문제가 더 커지고 말았습니다."

나는 여기에 반드시 주의해야 할 점이 있다고 생각한다. 우리가 다른 사람에게 용서를 청한다든지 변상해야 할 때는 매우 신중해야 한다. 하나님이 지혜를 주시도록 열심히 구하라. 첫째, 과연 그 사람을 찾아가서 전부 다 이야기해야 하는지, 둘째, 누구에게 이야기할 것인지, 셋째, 언제 말할 것인지, 넷째, 어떻게 말할 것인지를 구해야 한다.

주님은 시편에서 이렇게 약속하셨다. "너희는 무지한 말이나 노새같이 되지 말지어다 그것들은 재갈과 굴레로 단속하지 아니하면 너희에게 가까이 가지 아니하리로다 악인에게는 많은 슬픔이 있으나 여호와를 신뢰하는 자에게는 인자하심이 두르리로다"(시 32:8-9).

어느 유부남이 결혼하지 않은 한 자매에게 가서 자기가 그 자매에게 음욕을 품었다고 고백하고는 용서해 달라고 청한 일이 있었다. 그러나 그는 정욕의 문제에서 참으로 하나님을 경외하는 마음이 없었다. 그는 여전히 그 죄를 사랑하고 있었다. 한편 여태껏 이 사실을 모르다가 갑작스럽게 알게 된 자매는 그 다음부터 자신도 똑같이 그에게 정욕을 품는 죄를 짓고 말았다. 그 자매 역시 정욕의 죄에 대해 하나님을 경외하는 마음이 없었던 것이다. 급기야 두 사람은 실제로 간음 행위를 하게 되었다.

시편 111편 10절은 말한다. "여호와를 경외함이 지혜의 근본이라 그의 계명을 지키는 자는 다 훌륭한 지각을 가진 자이니." 그 남성이 진정으로 정욕의 죄를 회개하고 또 그 죄를 미워하는 마음을 주시도록 하나님께 간절히 구하고 믿음으로 받아들였더라면, 그는 자매를 직접 찾아가서 죄를 고백하지 않았을 것이다. 좀 더 지혜롭게 처신했을 것이다.

그러나 간음 행위로 말미암은 고통과 슬픔을 다 치르고 난 후에야 두 젊은이는 자신들에게 진정으로 필요했던 것이 하나님을 경외하는 마음이라는 사실을 절감했다. 철저히 회개하고 완전히 용서받고 난 후에야 하나님과의 풍성한 교제를 다시 회복할 수 있었다. 현재 그 두 사람은 그리스도인으로서 활기차게 살고 있다. 물론 두 사람은 헤어져서 각자의 삶을 산다.

다음 장에서는 사람들과의 관계가 거룩한 만큼 나와 하나님 사이의 관계도 거룩하다는 사실을 살펴보고, 하나님을 경외하는 마음으로 말미암아 이 모든 관계가 얼마나 놀랍고 흥미로워지는지 알아보겠다.

PART 3

하나님을 경외하는 마음으로 살아갈 때

10
관계의 기반

하나님을 경외하는 마음은 이성 관계든 동성 관계든 인간관계에서 발생하는 모든 문제에 대한 해결책이다.

이 세상에서 관계를 통해 배울 수 있는 것이 무엇인지 하나님이 계획하신 바를 잘 알려면, 먼저 우리에게 보여 주신 본보기를 주의 깊게 살펴봐야 한다. 우리는 예수님이 생의 마지막 순간에 아버지 하나님께 기도하는 장면에서 그 본을 찾을 수 있다. "우리(성삼위 하나님)와 같이 그들(모든 성도)도 하나가 되게 하옵소서"(요 17:11). 이 말씀은 우리가 비록 인간으로서 한계가 있지만 그래도 성령의 능력으로 성부와 성자와 성령 하나님이 서로 사랑하시듯 우리도 사랑할 수 있다는 말이다. 이 놀라운 진리를 처음으로 깨달았던 순간을 잊을 수가 없다. 나는 그때부터 지금까지 이 진리를 믿는다.

수년 전에 덴마크의 어느 방에서 부부 세 쌍과 함께 기도한 적이 있었다. 모두 선교사였다. 하나님이 성령으로 이들을 깨뜨리기 시작하자 그들은 정직한 마음으로 자신을 열어 놓았다. 나는 부부들을 위해 내가 할 수 있는 최상의 기도를 할 수 있게 해 달라고 기도했다. 그때 하나님이 이들에게 사랑을 쏟아 부으셨다. 나는 계속해서 하나님이 응답하시리라 기대하며 기다렸다.

그러나 응답이 금세 오지는 않았다. 하나님은 과연 이 사람들이 최고의 응답을 얻고자 얼마나 기다리는지를 보시려 했던 것이다. 나는 기다리는 동안 이런 말을 되뇌었다. "주님, 저는 이들을 사랑합니다. 제가 계속해서 기다릴 수 있을 만큼 이들은 고귀한 사람들입니다." 그러고서 어느 정도 시간이 흐르자, 성령님은 아주 명확하게 예수님이 기도드리시는 중에 하신 말씀을 내 생각 속에 넣어 주셨다. "우리와 같이 그들도 하나가 되게 하옵소서."

하늘의 최고 사령관께 이 땅의 인간관계를 위한 최고의 축복기도를 간구하자 온몸에 깨달음과 전율이 느껴졌다. 지금도 그때 일을 잊을 수가 없다. 그 인상은 지금까지도 절대 사라지지 않는다. 또 이것이야말로 남녀노소, 기혼이나 미혼이나 상관없이 그리스도인으로서 맺는 모든 관계를 향한 하나님의 계획임을 깨달았다. 하나님의 사랑은 모든 사람에게 똑같이 흐른다. 그리고 언제나 같은 방법으로 표현된다. 그런데 왜 그 사랑이 우리를 거치면 달라지는 것일까?

예수님이 마리아와 마르다를 나사로와 다른 식으로 사랑하셨다고는 상상할 수 없다. 또 이들과 모두 함께 관계를 맺든 각 사람과 관계를 맺든, 예수님이 불편해하고 당혹스러워하셨다고는 조금도 생각할 수 없다. 마리아처럼 사랑스럽고 경건하며 헌신적이고 결혼 적령기에 있는 여성이 예수님의 말씀을 들으려고 발 앞에 앉아 있을 때 그와 단둘이 있으면서도 예수님은 어쩔 줄 몰라 하시지 않았다. 마리아도 창문 밖이나 쳐다보면서 있지는 않았을 것이다. 그는 예수님의 눈을 바라보면서 한 말씀 한 말씀을 귀담아들었을 것이다. 예수님이 제자들과 베다니에 있을 때 마리아는 또 다른 일을 하였다. "마리아는 지극히 비싼 향유 곧 순전한 나드 한 근을 가져다가 예수의 발에 붓고 자기 머리털로 그의 발을 닦으니 향유 냄새가 집에 가득하더라"(요 12:3).

이런 모습은 성적인 교감이 전혀 없음에도 친밀감을 느낄 수 있는 장면이다. 또 부끄럽지도 않고 죄 된 행위는 하나도 없다. 왜냐하면 그 어느 쪽도 죄를 짓지 않았기 때문이다. 잠시 이 장면을 자세히 보자.

예수님은 한 바리새인의 집에서 식사를 하고 계신다. 그리고 과거에 창녀였던 한 여인이 그곳에서 예수님의 말씀을 듣고 있다(눅 7:36-50). 예수님 주위에는 언제나 많은 사람이 몰려다

니기에 그 여인은 예수님을 가까이서 뵐 기회를 어렵게 잡았다. 여인은 그 자리에 초대받지도 않았으나 그냥 들어와서 곧바로 향유가 든 옥합을 열었다. 그런데 도무지 억제할 수 없었던지 눈물이 왈칵 쏟아져 예수님 발 위로 떨어지고 말았다. 여인은 바리새인인 집주인의 냉정하고 비난에 찬 시선에도 아랑곳하지 않고 예수님의 발에 묻은 눈물 자국을 지우려고 얼른 자기 머리카락을 풀어 발을 닦았다. 그러고는 서슴지 않고 발에 입을 맞춘 후 향유를 부었다.

자기에게 그렇게까지 사랑과 용서와 자비를 베풀고 이해와 존경으로 대해 준 사람은 아무도 없었기 때문이다. 마리아가 보인 행동은 마음의 평화를 주신 그분께 바치는 헌신이었다. 이렇게 애정 어린 표현에 예수님은 당혹하셨는가? 쩔쩔매며 어쩔 줄 몰라 하셨는가? 아니다. 예수님은 아주 편안하게 계셨다. 도리어 위엄 있게 바리새인 주인을 나무라시고, 회개하며 들어온 마리아를 칭찬하셨다. 이 모습 역시 성적인 교감이 없음에도 친밀함을 느낄 수 있는 또 다른 장면이다.

만일 예수님이 하늘 보좌를 떠나 이 땅에 오신 목적이 우리가 어떻게 살아야 하는지 알려 주시기 위해서라는 사실을 안다면, 이 장면이 그리 충격적이지는 않을 것이다. 예수님은 마리아와의 관계를 통해 어떻게 거룩함과 자연스러움이 조화를 이루는지를 우리에게 보여 주시고자 하셨다.

진정 거룩한 사람은 참으로 자연스러운 사람이다.

그들은 숨기려 하지 않는다.

억지로 무엇을 하지도 않고

감출 것도 없다.

하나님을 경외하는 마음이 우리에게 부어지면, 베드로전서 1장 22절에서 베드로가 말한 대로 하나님의 사랑을 체험할 수 있다. 이것은 우리가 언제나, 누구에게나 나타낼 수 있는 사랑이다. "너희가 진리를 순종함으로 너희 영혼을 깨끗하게 하여 거짓이 없이 형제를 사랑하기에 이르렀으니 마음으로 뜨겁게 서로 사랑하라."

사랑과 거룩함을 함께 언급한 하나님 말씀을 자주 볼 수 있다. 이와 같이 생각과 말과 행동에서 거룩하게 생활하는 사람은 티끌만큼의 음욕도 품지 않는 순결한 사랑을 할 수 있다. 또한 원만한 인간관계를 맺을 수 있다. 데살로니가전서 3장 12-13절은 이렇게 말한다. "또 주께서 우리가 너희를 사랑함과 같이 너희도 피차간과 모든 사람에 대한 사랑이 더욱 많아 넘치게 하사 너희 마음을 굳건하게 하시고 우리 주 예수께서 그의 모든 성도와 함께 강림하실 때에 하나님 우리 아버지 앞에서 거룩함에 흠이 없게 하시기를 원하노라." 또 빌립보서 1장 9-10절에서는 "내가 기도하노라 너희 사랑을 지식과 모든 총명으로 점점 더 풍성하게 하사 너희로 지극히 선한 것을 분별하며 또 진실하여 허물없이 그리스도의 날까지 이르고"라고 말한다.

이 말씀들이 명확하게 보여 주는 점은, 서로 더욱 깊이 사랑하는 일을 두려워하지 말라는 것이다. 즉, 모든 관계에서 성령이 비추시는 빛 가운데 생각과 말과 행실의 순결함이 분명히 드러난다면 아무런 두려움 없이 사랑해도 좋다는 말이다.

하나님 아버지는 예수님이 베드로, 야고보, 요한과 절친한 관계를 맺는 것을 온전히 신뢰하셨던 것처럼, 베다니의 마리아와 막달라 마리아 등 여인들과 절친한 관계를 맺는 것도 신뢰하셨다. 히브리서는 이렇게 기록한다. "모든 일에 우리와 똑같이 시험을 받으신 이로되 죄는 없으시니라"(히 4:15). 이 말씀을 보면, 하나님은 예수님이 우리의 대제사장이요 중보자임을 알게 하시려고 인간관계뿐만 아니라 여러 가지 면에서 예수님을 시험하셨다.

하나님 한 분만이 모든 사람을 완전히 만족시키는 분이라는 사실을 깨달았을 때 나는 인간관계에 대해 깊이 이해할 수 있었다. 어느 누구도 우리를 온전히 충족하지 못한다. 만일 한 남녀가 하나님의 원리 원칙에 따라 함께 살기로 한다면, 하나님은 그 두 사람을 부부 관계로 인도하신다. 이렇게 두 사람은 상대의 부족한 점을 보완하며, 상대의 필요를 채우고, 어느 누구도 할 수 없는 방법으로 그 사람을 위해 무언가 해줄 수 있는, 그런 관계를 맺을 수 있다. 다시 말하면, 완전한 결합과 위탁이 이루어지는 유일무이한 관계 맺기가 곧 결혼인 것이다.

그러나 결혼한 관계만이 하나님이 의도하신 인간관계의 전부는 아니다. 그렇지 않다면 독신으로 사는 사람이나, 예수님과 마리아들의 관계(베다니의 마리아와 막달라 마리아)나, 예수님과 요한의 관계, 다윗과 요나단의 관계 역시 설명하기 어려워진다. 결혼이 아니고서도 얼마든지 친밀한 관계를 맺을 수 있다.

하나님은 자녀의 성별과 상관없이, 자녀가 하나님을 경외하는 마음을 품은 만큼 깊고 친밀한 관계를 맺기 원하신다. 그러므로 우리 삶의 모든 부분이 오로지 부부 관계에서만 발견되는 것은 아니다. 결혼 이외의 관계에서도 얼마든지 깊이 있는 우정 관계를 맺을 수 있다.

그럼 여기서 성부, 성자, 성령 하나님을 더 자세히 살펴보자. 성삼위 하나님의 관계를 보면 볼수록, 또 그 안에 있는 원리를 알면 알수록 예수님이 제자들을 위해 성삼위의 연합(요 17:11)이 이루어지게 해 달라고 기도하신 것처럼, 오늘날 우리도 주님과 함께 그러한 연합을 이룰 수 있다는 사실을 알게 된다.

삼위 하나님이 서로 맺는 관계를 기준으로 우리의 관계를 점검해 보자.

1. 성부 하나님, 성자 그리스도, 성령은 각각 하시는 일은 다르지만 위격은 같다.

2. 삼위 하나님은 각각 사역에서 상호 보완적이지만 절대 상호 경쟁적이지는 않다. 따라서 우리는 하나님이 역사하셔도 삼위 하나님 중에 어느 분이 역사하시는지 잘 파악하지 못할 때가 많다. 왜냐하면 삼위 하나님은 총체적인 조화를 이루며 역사하시기 때문이다.
3. 삼위 하나님은 철저히 상호 의존적이지만, 한마음으로 일하시는 지극히 겸손하신 분이다.
4. 삼위 하나님은 절대적인 진리로 관계를 맺으신다. 따라서 삼위 하나님은 절대적으로 서로 신뢰하신다.
5. 삼위 하나님은 영광을 위하여 서로 섬기신다.
6. 삼위 하나님은 동일한 목적을 이루신다.
7. 삼위 하나님의 관계는 완전무결하고 거룩한 관계다. 그래서 서로 한없이 기뻐하신다.
8. 삼위 하나님은 천하무적의 단합된 몸을 이루시며, 영원한 나라를 다스리고 최고의 것을 결정하시는 분이다.

일곱 번째를 다시 살펴보자. "삼위 하나님의 관계는 완전무결하고 거룩한 관계다." 이것을 진리로 믿는 사람이라면 하나님을 경외하는 마음을 관계의 기반으로 삼을 것이다. 또 그렇게 했을 때 모든 관계가 참으로 즐겁고 기쁨이 넘치며 의미 있는, 성숙한 관계가 되리라는 사실도 알 것이다.

그러나 사탄은 조금만 죄를 지어도 관계가 더욱 흥미진진해진다며 수많은 사람들을 속인다. 그것은 절대 사실이 아니다. 죄는 결국 죽음을 초래한다. 하지만 거룩함은 풍성한 생명을 누리게 한다.

예수님은 "도둑이 오는 것은 도둑질하고 죽이고 멸망시키려는 것뿐이요 내가 온 것은 양으로 생명을 얻게 하고 더 풍성히 얻게 하려는 것이라"(요 10:10)고 말씀하신다.

사탄은 말한다. "슬쩍 죄지어도 아무 문제 없어."

하나님은 "스스로 속이지 말라 하나님은 업신여김을 받지 아니하시나니 사람이 무엇으로 심든지 그대로 거두리라 자기의 육체를 위하여 심는 자는 육체로부터 썩어질 것을 거두고 성령을 위하여 심는 자는 성령으로부터 영생을 거두리라"(갈 6:7-8)고 또, "미련한 자들은 그들의 죄악의 길을 따르고 그들의 악을 범하기 때문에 고난을"(시 107:17) 받는다고 말씀하신다.

사탄은 또 "괜찮아, 아무도 모를 거야" 하고 말한다.

하나님은 이렇게 말씀하신다. "너희 죄가 반드시 너희를 찾아낼 줄 알라"(민 32:23). "그러므로 때가 이르기 전 곧 주께서 오시기까지 아무 것도 판단하지 말라 그가 어둠에 감추인 것들을 드러내고 마음의 뜻을 나타내시리니 그때에 각 사람에게 하나님으로부터 칭찬이 있으리라"(고전 4:5). "감추인 것이 드러나지 않을 것이 없고 숨긴 것이 알려지지 않을 것이 없나니 이러므로 너희가 어두운 데서 말한 모든 것이 광명한 데서 들리고 너희가 골방에서 귀에 대고 말한 것이 지붕 위에서 전파되리라"(눅 12:2-3).

성경은 사탄이 미혹하는 자며 살인자요, 거짓말쟁이며, 속이는 자에다가 거짓의 아비요, 파괴자라고 말한다. 이러한 사탄이 성(性)에 대해서는 어떻게 속이는지 다음 장에서 살펴보자.

11

성(性), 하나님의 선물

문학과 영화, 상업 광고에 이르기까지 누구나 볼 수 있는 대중 매체를 통해 사탄은 성에 대한 거짓을 널리 퍼뜨린다. "내가 말이지, 성을 훨씬 더 흥미진진하게 해줄게. 난 누구보다도 성을 잘 알거든. 그러니 내 말 좀 들어 봐. 내가 뭘 주려고 하는지 잘 보란 말이야. 성에 눈뜨게 해줄게. 눈을 뜨고 나면 최고의 향락을 만끽하게 될 거야."

그러나 거짓은 이미 밝혀졌다. 사탄은 절대 우리에게 성이라는 경이로운 선물을 준 자도 아니며, 성을 창조한 자도 아니다. 성이라는 선물을 주신 분은 바로 하나님이시며, 그분이 또한 성을 창조하셨다. 따라서 하나님이야말로 누구보다도 성에 대해 무궁무진한 지식이 있으신 분이다.

그러므로 하나님 말씀의 원칙을 따라 그분의 법에 순종할 때만 성이라는 선물을 통해 하나님이 기대하시는 모든 것을 이룰 수 있다. 하나님은 인간에게 성을 주셔서 출산과 위로와 기쁨, 또 낭만적인 사랑을 경험하게 하셨다.

또 사탄이 주로 그리스도인들을 겨냥해 하는 거짓말은 성이 아주 불결하고 추잡해서 경건한 사람에게는 불필요하다고 하는 것이다. 많은 자매들이 이 문제로 상담을 요청한다. 그래서 나는 많은 그리스도인이 이 말에 속고 있다는 사실을 알게 되었다. 하나님은 이 질문에 야고보서 1장 16-17절 말씀으로 응답하신다. "내 사랑하는 형제들아 속지 말라 온갖 좋은 은사와 온전한 선물이 다 위로부터 빛들의 아버지께로부터 내려오나니 그는 변함도 없으시고 회전하는 그림자도 없으시니라." 또 고린도전서 7장 5절에서 바울은 부부 생활을 하지 않는 결혼한 사람들에게 다음과 같이 권고한다. "서로 분방하지 말라 다만 기도할 틈을 얻기 위하여 합의상 얼마 동안은 하되 다시 합하라 이는 너희가 절제 못함으로 말미암아 사탄이 너희를 시험하지 못하게 하려 함이라."

내가 아홉 살이었을 때 나보다 한 살 더 많은 오빠가 아버지에게(우리 아버지는 헌신적인 그리스도인으로, 전도자며 성경 교사셨다) 자신은 엄마 배 속에서 나왔는데 어째서 아빠를 닮았느냐고 물어보았다고 한다. 그때 아버지는 오빠에게 아무 숨김없이 있는 그대로 임신에 대해 모두 말씀해 주셨다. 오빠는 아버지에게 들은 이야기를 나에게 그대로 전해 주었다.

얼마 후 혼자 해변을 걸으며, 내 생명이 어떻게 형성되었는지 새로 알게 된 사실을 떠올렸다. 너무 놀랍고 신기해서 하나님을 즐거워하며 찬양하였다. 하나님은 인류가 널리 퍼질 수 있도록 창조주의 능력과 지식과 지혜를 발휘하셔서 필요할 때마다 두 몸이 하나로 결합하게 하셨다. 이 사실을 알고서 경탄하지 않을 수가 없었다. 그래서 나는 창조주 하나님께 합당한 흠 없는 예배를 자연스럽게 드렸다. 그 후로 내 관념 속에는 하나님과 성, 순결함과 자연스러움, 예배가 언제나 함께 연결되었다.

하나님은 인류 가운데 이 모든 요소가 맞물려 돌아가게 하려고 애쓰셨다. 반면 사탄은 이런 요소를 왜곡하고 끊으려고 안간힘을 썼다. 남성과 여성의 성적인 관계라는 가장 멋진 생각을 해내신 분은 바로 우주에서 가장 순결한 하나님이시다. 따라서 우리의 사고가 순결하면 할수록 이 놀라운 선물을 주신 하나님을 더욱 찬양할 수밖에 없다.

하나님은 인간을 성적 욕구가 있는 존재로 창조하시면서 이 욕구를 오직 결혼을 통해서만 충족하라고 분명하게 말씀하셨다. 무한한 지식과 지혜, 정의와 사랑이 있으신 하나님은 우리의 영적, 정신적, 정서적, 육체적 필요를 채우는 데 가장 좋은 것이 무엇인지 잘 아신다. 그러므로 겸손하게 하나님께 무릎 꿇고 순종하라. 교만하기 때문에 반항하고 불순종하는 것이다.

사탄은 하와에게 말했던 것처럼 오늘날 우리에게도 똑같이 말한다. "하나님 말씀을 곧이곧대로 받아들이지 마. 그렇게 심각하게 받아들일 것까지는 없잖아." 또 이렇게도 말한다. "현대 사회에서 말씀을 그렇게 적용하면 어떻게 해? 문화가 다르잖아. 누구나 성적인 욕망이 있어. 그건 식욕이나 마찬가지야. 네가 만일 이런 본능을 채우지 못하면 견디다 못해 미치고 말걸!"

그러나 하나님은 다음과 같이 말씀하신다. "몸은 음란을 위하여 있지 않고 오직 주를 위하여 있으며 주는 몸을 위하여 계시느니라 하나님이 주를 다시 살리셨고 또한 그의 권능으로 우리를 다시 살리시리라 너희 몸이 그리스도의 지체인 줄을 알지 못하느냐 내가 그리스도의 지체를 가지고 창녀의 지체를 만들겠느냐 결코 그럴 수 없느니라 창녀와 합하는 자는 그와 한 몸인 줄을 알지 못하느냐 일렀으되 둘이 한 육체가 된다 하셨나니 주와 합하는 자는 한 영이니라 음행을 피하라 사람이 범하는 죄마다 몸 밖에 있거니와 음행하는 자는 자기 몸에 죄를 범하느니라 너희 몸은 너희가 하나님께로부터 받은바 너희 가운데 계신 성령의 전인 줄을 알지 못하느냐 너희는 너희 자신의 것이 아니라 값으로 산 것이 되었으니 그런즉 너희 몸으로 하나님께 영광을 돌리라"(고전 6:13-20).

"간음하지 말라"(출 20:14).

"불의한 자가 하나님의 나라를 유업으로 받지 못할 줄을 알지 못하느냐 미혹을 받지 말라 음행하는 자나 우상숭배하는 자나 간음하는 자나 탐색하는 자나 남색하는 자나 도적이나 탐욕을 부리는 자나 술 취하는 자나 모욕하는 자나 속여 빼앗는 자들은 하나님의 나라를 유업으로 받지 못하리라"(고전 6:9-10).

"그러나 두려워하는 자들과 믿지 아니하는 자들과 흉악한 자들과 살인자들과 음행하는 자들과 점술가들과 우상숭배자들과 거짓말하는 모든 자들은 불과 유황으로 타는 못에 던져지리니 이것이 둘째 사망이라"(계 21:8).

아주 확실하게 기록되어 있지 않은가! 우리는 사탄의 거짓말에 넘어가 죽음에 이를 수도 있고 아니면 진리의 하나님 말씀에 순종해 영원한 생명을 누릴 수도 있다.

동성애 역시 음란에 속한다. "너는 여자와 동침함같이 남자와 동침하지 말라 이는 가증한 일이니라"(레 18:22).

"누구든지 여인과 동침하듯 남자와 동침하면 둘 다 가증한 일을 행함인즉 반드시 죽일지니 자기의 피가 자기에게로 돌아가리라"(레 20:13).

"무엇이든지 속된 것이나 가증한 일 또는 거짓말하는 자는 결코 그리로 들어가지 못하되 오직 어린양의 생명책에 기록된 자들만 들어가리라"(계 21:27).

하나님은 신뢰할 만한 사람을 찾으신다. 그래서 우리가 하나님과 더욱더 친밀한 관계를 원하는지, 또 하나님 나라의 특권과 책임을 나눌 만한 사람인지 이모저모 살펴보신다.

그 한 가지 방법으로 주님은 주님을 섬기는 일에서 이성과 함께할 기회를 주신다. 그럴 때 우리는 이성에 대한 매력을 네 가지 방면에서 느낄 수 있다. 영적 일치감, 정신적 친근감, 성격의 조화, 신체적인 매력이 그것이다. 우리는 이중 어느 하나에 끌리거나, 네 가지 매력을 다 느낄 수도 있다.

이중 가장 깊이 느낄 수 있는 매력은 영적 일치감이다. 만약 하나님을 경외하는 마음이 없다면 너무 쉽게 사탄의 유혹에 빠져 버리고 만다. 먼저 생각 속에 유혹을 느끼고, 그 후에는 말과 행위에 유혹을 느낀다. 지금까지 수없이 많은 사람이 하나님을 경외하는 마음을 지니지 않았기에 유혹에 빠져 버렸다. 이 사람들은 음란 속에서 허우적거리면서 우리 주 예수 그리스도의 이름을 욕되게 하고, 자신도 비참해졌을 뿐 아니라 다른 사람까지도 슬픔에 잠기게 했다.

믿지 않는 사람들은 이들을 보고 말한다. "그리스도인이라 해도 별다를 게 없네, 나와 똑같은걸!" 하나님을 경외하는 마음 없이 지내는 그리스도인들은 오히려 믿지 않는 사람에게 기독교에 대한 나쁜 인상만 심어 준다. 하나님은 또 얼마나 실망하시겠는가?

하나님이 찾으시고 기뻐하시는 사람들은 거룩한 길로 가기로 결정하는(사 35:8), 그리스도의 몸 안에 있는 형제자매다. 이들은 예수님이 그러셨듯이 하나님을 경외하는 생활을 선택한 사람들이다. 이들은 "우리는 거룩한 생활을 기뻐한다"고 말하며, 말씀에서 하나님을 경외하는 법을 배우고, 경외하는 삶을 최우선으로 삼는 사람들이다. 또한 끊임없이 하나님을 경외하는 마음을 구하고, 그것을 믿음으로 받아들일 뿐 아니라 언제든지 시편 34편에 나오는 하나님의 학교에 들어가고자 하는 사람들이다. 무엇보다도 이들은 하나님의 거룩하심을 나타내는 성령의 움직임 속에 함께하고 싶어 한다.

하나님은 그분을 경외하는 사람들을 찾으시고서 이렇게 말씀하신다. "자, 이제는 널 신뢰할 수 있겠다. 그 네 가지 매력 중 하나 또는 모두를 지닌 사람들과 하나 되어 일하도록 너를 인도하겠다. 네가 어떤 상황에 있든지 또 어떤 사람과 함께 일하든지 내가 너를 인도하겠다. 나는 너를 신뢰한다." 하나님이 이렇게 우리를 신뢰하시는데 어떻게 우리가 하나님을 저버릴 수 있겠는가! 이것이 어떤 신뢰인데, 어떤 특권인데 어렵다고 하는가! 절대 어렵지 않다. 매우 쉬운 일이다. 죄를 미워한다면 잠시만이라도 죄를 짓지 않으려 할 것이기 때문이다.

하나님이 죄를 미워하시듯 순종하며 죄를 미워하는 사람을 그분이 어떻게 대하시는지 아는가? 하나님은 이런 사람들과 무슨 일이든지 하실 수 있다. 거룩함과 순종은 언제나 함께한다. 순종이란 거룩함과 예수님에 대한 사랑을 행동으로 표현하는 것이다. "일의 결국을 다 들었으니 하나님을 경외하고 그의 명령들을 지킬지어다 이것이 모든 사람의 본분이니라"(전 12:13).

하나님은 그런 사람에게 영적 권위를 부여하시며, 그렇지 않은 사람은 절대 얻을 수 없는, 하나님 나라의 특권과 책임을 주신다. "하나님을 경외하는 자는 이 모든 일에서 벗어날 것임이니라"(전 7:18).

어느 날, 이 책의 초판을 읽은 한 자매에게서 편지를 받았다. 자매는 깊은 감사를 표하며, 자신의 이야기를 들려주었다. 자매와 그의 남편은 기독교인이었고 여러 자녀를 두었다. 그런데 하나님의 성품과 길을 더 깊이 이해하려는 갈망이 자매에게는 있었지만, 남편에게는 없었다. 하지만 자매는 포기하지 않고 기도하며 자신의 갈망이 채워지기를 염원했다.

자매는 이번 장의 가르침을 읽으며, 하나님이 주시는 경고에 얼마나 민감해야 하는지 깨달았다. 이성에게 느끼는 네 가지 매력, 곧 신체적 매력, 성격의 조화, 정신적 친근감, 영적 일치감에 대해서도 읽었다. 그리고 가장 깊은 매력은 단연 영적 일치감이라는 설명에 공감했다. 나는 하나님이 팀 사역을 하실 때 이 네 가지 매력 중 일부만 있는 사람, 혹은 다 있는 사람을 곁에 두시고, 우리가 얼마나 신뢰할 만한지 시험하시기도 한다고 설명했었다. 사탄이 유혹할 때 하나님을 경외함, 곧 악을 미워함이 없다면 우리는 이 유혹에 빠질 것이다. 하지만 하나님을 경외하면 승리하고 유혹을 극복할 것이다.

자매는 이 진리를 깊이 묵상했다. 그리고 하나님이 이미 자신에게 앞의 세 가지 매력이 있는 이성과 한 팀으로 세우셔서 자신을 시험하셨다는 사실을 깨달았다. 자매는 이미 그 시험을 통과했던 터였다. 그러나 영적 일치감을 공유하는 남성과 한 팀으로 일하면서 시험받은 적은 단 한 번도 없었다고 한다.

이 자매는 남편과의 관계에서 영적 일치감이 부족하기 때문에 공격받기가 쉽다는 진리를 깨달았다. 그리고 하나님이 자신을 사랑하셔서 이 책을 읽게 하셨고, 진리로 미리 경고해 주셨음에 감사하며 하나님 앞에서 계속 울었다고 고백했다. "미리 경고를 받아들이는 것이 무장하는 것이지요"라고 했다.

나는 이 자매가 오직 하나님을 경외하는 것만이 적의 책략에 빠지지 않게 해준다는 사실을 깨달았다는 데서 큰 감동을 받았다. 여인은 하나님을 경외하는 마음을 품도록 습관처럼 더욱 부르짖어야 함을 알았다. 나에게 이 편지는 특히 격려가 되었다. 또 하나님이 다른 사람에게 말씀하시고자 이 여성의 진솔한 간증을 사용하시리라 믿는다.

이제 여성과 남성의 관계에서 결정해야 하는 일을 알아보자.

12
여성의 영향력

선한 의도에서든 악한 의도에서든, 여성이 남성보다 다른 사람에게 미치는 영향력이 훨씬 크다. 그렇지 않았다면 왜 에덴동산에서 뱀이 하와에게 먼저 갔겠는가?

하나님은 여자를 남자를 "돕는 배필"(창 2:18)로 만드셨다. 여성은 자신의 영향력으로 남성이 거룩한 사람이 되도록 도울 수도 있고, 거룩한 사람이 되지 못하도록 막을 수도 있다. 좀 더 편히 길을 갈 수 있도록 디딤돌 역할을 할 수 있는 사람도, 거침돌이 되어 거룩함을 해칠 수 있는 사람도 여성이다.

잠언에는 남성에게 부도덕한 여인들을 조심하라고 경고하는 말씀이 무려 세 장에 걸쳐 나와 있다(잠 2:16-19, 5장, 6:20-35). 잠언 6장 23-29절은 이렇게 경고한다.

대저 명령은 등불이요 법은 빛이요 훈계의 책망은 곧 생명의 길이라 이것이 너를 지켜 악한 여인에게, 이방 여인의 혀로 호리는 말에 빠지지 않게 하리라 네 마음에 그의 아름다움을 탐하지 말며 그 눈꺼풀에 홀리지 말라 음녀로 말미암아 사람이 한 조각 떡만 남게 됨이며 음란한 여인은 귀한 생명을 사냥함이니라 사람이 불을 품에 품고서야 어찌 그의 옷이 타지 아니하겠으며 사람이 숯불을 밟고서야 어찌 그의 발이 데지 아니하겠느냐 남의 아내와 통간하는 자도 이와 같을 것이라 그를 만지는 자마다 벌을 면하지 못하리라.

잠언 6장 32-33절에서는 간음하는 사람을 더욱 엄중히 꾸짖는다. "여인과 간음하는 자는 무지한 자라 이것을 행하는 자는 자기의 영혼을 망하게 하며 상함과 능욕을 받고 부끄러움을 씻을 수 없게 되나니."

또 지도자들에게 음란한 여인을 주의하라고 특별히 경고한 말씀도 기록되어 있다. "네 힘을 여자들에게 쓰지 말며 왕들을 멸망시키는 일을 행하지 말지어다"(잠 31:3).

가장 많은 재산과 명예와 부귀, 지혜와 기회와 잠재력을 소유했던 왕은 바로 솔로몬이었다. 하지만 솔로몬 왕의 말로는 비극이었다. "솔로몬의 나이가 많을 때에 그의 여인들이 그의 마음을 돌려 다른 신들을 따르게 하였으므로"(왕상 11:4). 솔로몬 왕이 죄를 짓도록 강력히 유혹한 사람은 이방 여인들이었다. 하나님은 이방 여인들이 그렇게 하리라는 것을 미리 아셨기 때문에 솔로몬에게 이방 여인과 결혼하지 말라고 하셨다.

여자가 경건한 영향력을 발휘하지 못하면 결국 파국으로 치달을 수밖에 없다.

만약 사탄이 아담과 하와 둘 다에게 죄를 지으라고 유혹했을 때 하와가 하나님께 순종하기로 결정하고 하나님이 주신 영향력을 아담에게 발휘했더라면 어떻게 되었을까? 그랬다면 아담이 하와를 사탄의 계략에서 지켜 주지 못한다 해도, 그가 불순종을 선택할 확률은 훨씬 낮았을 것이다. 성경에 "아담이 속은 것이 아니고 여자가 속아 죄에 빠졌음이라"(딤전 2:14)고 기록되었음을 기억하라.

만약 다윗 왕이 밧세바와 간음하려 했을 때 밧세바가 정중하게 "안 됩니다" 하고 거절했다면 어떻게 되었을까? 그래도 다윗 왕은 강제로 추행했을까? 하지만 밧세바가 거절하지 않았기에 얼마나 엄청난 비극이 벌어졌는가!

밧세바가 다윗 왕에게 이렇게 말했더라면 어떻게 되었을까? "왕이시여! 이 일 때문에 벌어질 결과를 한번 생각해 보십시오. 우리 둘 다 하나님께 죄를 범할 뿐만 아니라 배우자에게도 죄를 범하게 됩니다. 왕께서는 지도자로서 지닌 막중한 책임 때문에 더 엄중한 하나님의 심판을 받을 것입니다. 우리는 모두 '간음하지 말지니라'는 계명을 잘 압니다. 그뿐 아니라 제 남편 우리아는 저에 대한 신뢰를 저버리지 않는 존경할 만한 사람입니다"(우리아가 성실하고 원칙을 고수하는 사람이라는 점은 다윗 왕의 제안에 그가 보인 응답으로 알 수 있다. 삼하 11:9-11).

만약 아브라함과 사라가 애굽에 들어갔을 때(창 12:10-20) 사라가 사람들에게 아브라함의 아내임을 밝히고, 아브라함에게 생명을 지키시는 하나님을 신뢰하자고 용기를 북돋았더라면 어떻게 되었을까? 그러면 아브라함이 사라를 자기 누이라고 두 번이나 속이는 일은 하지 않았을 것이다.

사라가 이렇게 말했다면 어떻게 되었을까? "여보, 이곳 문화가 그렇다는 건 알아요. 이 지방 사람들이 나를 겁탈하려고 당신을 죽이려 할 테니 당신이 얼마나 두려워하는지도 알아요. 그렇지만 잠시 하나님의 성품을 생각해 봐요. 하나님은 겁탈당할 위험과 죽을지도 모른다는 두려움 속에서 지내라고 내게 이런 미모를 주신 게 아니에요. 거짓말은 어떤 경우에도 옳지 않아요. 하나님을 경외하는 마음에서 나오는 것도 아니고요. 그러니까 하나님의 전능하신 손에 우리를 맡깁시다. 그리고 하나님께서 이 사람들에게 그분을 두려워하는 마음을 주시도록 기도해요. 기적 같은 하나님의 역사가 우리에게 일어날 줄 믿어요. 그렇게 되기를 간절히 바라고 있어요."

하나님은 잠언 31장에서 현숙한 여인에 관해 설명하셨다. 현숙한 여인의 가장 중요한 성품은 신뢰이다. "그런 자의 남편의 마음은 그를 믿나니"(잠 31:11). 이와 같은 신뢰의 비결은 30절에서 찾을 수 있다. "고운 것도 거짓되고 아름다운 것도 헛되나 오직 여호와를 경외하는 여자는 칭찬을 받을 것이라." 이 말씀은 아내가 하나님을 경외하는 만큼 남편이 아내의 정절을 신뢰할 수 있다는 의미다. 물론 남편도 마찬가지다.

거룩한 여인은 큰 영향력을 발휘한다. 자신의 일생에서 가장 커다란 영향을 미친 사람이 여성이었다고 말하는 위대한 남성이 많다.

또 성경은 남성들에게 큰 영향을 준 경건한 여인의 이야기를 들려준다.

어느 날 마노아의 아내가 들판에 나가 있을 때 천사가 나타나 아들을 낳을 것이라고 알려 주었다. 마노아의 아내는 수년 동안 잉태하지 못했다. 여인은 자신이 낳을 아이가 블레셋의 손에서 이스라엘을 구원하리라는 뜻밖의 소식을 전해 들었다.

겸손과 믿음의 사람이었던 여인은 하늘에서 내려온 말씀을 순전하게 받아들이고, 그 즉시 마노아에게 이 사실을 알렸다. 아내의 강한 확신은 남편에게 영향을 주었다. 남편은 자연적으로는 도저히 할 수 없는 일이지만 하나님은 하실 수 있다고 믿었고, 부부는 믿음으로 삼손을 낳았다(삿 13장).

여인으로서 상당히 어려운 일을 해낸 사람은 아비가일이다. 아비가일은 커다란 위기에 직면했을 때 겸손하고 지혜롭게 행동함으로써 장차 이스라엘 왕이 될 다윗이 지도자로서 치명적인 실수를 범하지 않도록 영향을 끼쳤다. 또 집안사람들과 종들의 생명도 구했다(삼상 25장).

왕비 에스더는 왕의 부름이 없었는데도 왕의 칙령을 어기면서까지 왕의 궁전에 들어갔다. 민족 말살의 위기에서 자기 민족의 생명을 구하고자 왕 앞에 담대히 나갔고, 결국 왕은 에스더의 청원을 받아들였다(에 4-7장).

품행이 좋지 않던 한 여인이 있었다. 우물가에서 예수님을 만나고 나서 여인의 삶이 바뀌었다. 이 여인이 간증한 삶의 변화는 사마리아 성 전체에 영향을 주었다(요 4장).

요게벳은 아내로서, 또한 믿음의 어머니로서 자녀에게 강력한 영향을 끼쳤다. 모세, 아론, 미리암은 모두 영적 지도자가 되었다(민 26:59; 미 6:4). 이들은 모두 믿음의 사람들이었다. 이런 집안은 어디서도 찾아보기 어려울 것이다.

한나가 사무엘에게 끼친 영향 또한 이루 말할 수 없다. 사무엘상 12장 18절에서 보듯이 백성들이 여호와와 사무엘을 두려워할 정도로 사무엘은 하나님을 경외하는 사람이었다. 그 결과 당시 이스라엘의 역사가 정의의 역사로 바뀌었다.

사사기 4장에는 여선지자며 사사였던 드보라가 등장하는데, 드보라는 여호와의 대적을 무찌르고자 바락 장군을 독려하고 전장에 내보낸다. 바락은 지도력 있는 드보라와 다른 지도자들과의 연맹군의 도움을 받아 전쟁에서 대대적인 승리를 거둔다. 승리의 노래에는 드보라의 활약이 특별히 언급되어 있다. "이스라엘에는 마을 사람들이 그쳤으니 나 드보라가 일어나 이스라엘의 어머니가 되기까지 그쳤도다"(삿 5:7).

지금까지 살펴본 여인들은 모두 역사를 일궈 낸 여인들이다.

오늘날 모든 여성은 하나님이 각자에게 주신 영향력이 얼마나 큰지 깨닫고 인정해야 한다. 그래야 자신의 인생에서 만나는 모든 남성에게 거룩한 영향력을 끼칠 수 있다. 거룩한 영향력을 끼치는 여성이 되게 해 달라고 결단하고 열심히 기도하라. 하나님을 경외하는 마음이 바로 영향력 있는 여성을 만든다. 그리고 성령의 인도하심에 순종함으로 영향력을 행사하는 법을 연습하라. 이 얼마나 막중한 책임인가! 이 얼마나 소중한 일인가! 이것이야말로 엄청난 특권이며 놀라운 기회다.

하나님을 경외하는 마음에는 다양한 면이 있다. 다음 장에 나오는 내용 역시 하나님의 다루심 속에서 본인이 아주 겸허하게 배운 것인데, 내 삶을 크게 바꾸었다.

13

기름부음 받은 자를
비판하지 않기

하나님은 남을 비판해서는 안 된다고 분명하게 말씀하셨다. "비판을 받지 아니하려거든 비판하지 말라 너희가 비판하는 그 비판으로 너희가 비판을 받을 것이요 너희가 헤아리는 그 헤아림으로 너희가 헤아림을 받을 것이니라"(마 7:1-2). "형제들아 서로 비방하지 말라…너는 누구이기에 이웃을 판단하느냐"(약 4:11-12).

또 하나님은 영적 권위자들을 비방할 때 더욱 가혹한 하나님의 심판이 임할 것이라고 명백히 밝히셨다. 우리는 시편 105편 15절에 나오는 하나님의 명령이 얼마나 중요한지 깨달아야 한다. "이르시기를 나의 기름부은 자를 손대지 말며 나의 선지자들을 해하지 말라."

여선지자며 지도자인 미리암은 자기 형제이며 백성의 지도

자인 모세를 비난하였을 때 하나님의 심판을 받아 나병환자가 되었다(민 12:9-10).

또 고라와 다단과 아비람이 모세와 아론에게 대항하고 다른 지도자들을 부추겼을 때 그들은 하나님의 엄중한 심판을 받았다. 하나님은 그들이 서 있는 주변 땅을 여셔서 떨어지게 하시고서 다시 그 땅을 닫아 버리셨다(민 16장).

사울 왕의 딸이며 다윗의 아내였던 미갈은 하나님이 기름부으신 다윗을 대적하는 말을 했다가 남은 생애 동안 아이를 낳지 못하는 비운을 맞았다. 바지가 내려가는 줄도 모르고 기쁨으로 하나님을 찬양하는 다윗의 모습을 보고 비판했던 것이다(삼하 6:16-23).

또 선지자 엘리사가 길을 걸을 때 그를 보고 조롱하던 42명의 아이들도 곰에 물려 죽었다(왕하 2:23-24).

'주의 기름부은 자를 손대지 말라'는 명령에 순종하는 것이 무엇을 의미하는지 다윗을 보면 알 수 있다. 비록 사울이 다윗을 죽이려고 계속 추격했지만 그래도 그는 그때까지 이스라엘의 왕이었다. 하나님은 아직 사울의 지위를 박탈하지 않으셨다. 다윗은 바로 이 점을 생각하며 하나님을 경외하는 마음으로 사울에게 아무런 해를 끼치지 않았다.

이와 같은 원칙은 오늘날 우리에게도 적용된다.

이사야를 위하여 제단에서 집은 숯불은 그의 입술을 깨끗하게 하기 위한 것이었다. 여기에 매우 중요한 의미가 있다(사 6장).

하나님은 말씀을 전하는 자가 자신의 혀를 하나님이 통제하시도록 드리는 믿음의 분량만큼 그를 사용하신다.

예레미야 15장 19절에는 말씀을 전하고 가르치는 사람들에게 꼭 맞는 말씀이 있다. "네가 만일 헛된 것을 버리고 귀한 것을 말한다면 너는 나의 입이 될 것이라." 나는 주님이 기름부으신 사람을 건드리는 자에게 엄중하게 진노하시는 하나님의 심판을 여러 번 보았다. 이와 같은 일은 영적 지도자들 사이에 빈번히 일어난다. 성령을 근심하게 하고 영혼을 황폐하게 하는 지름길은 다른 영적 권위자를 비방하는 것이다.

다른 목회자나 영적 지도자들이 하는 말이 자기 의견과 같지 않다고 해도, 사람들이 그 지도자들의 좋은 점마저 받아들이지 못하도록 그들을 비방해서는 안 된다.

다른 사람의 사역을 언급할 때 긍정적인 면만 이야기하자. 성장하는 데 도움이 되는 말을 해주고, 하나님이 어떻게 선하게 역사하셨는지 아는 대로 말하여 듣는 사람에게 선한 영향을 끼치자. 그런데도 신경 쓰인다면 기도하면서 주님께 그분들을 맡기라. "주님, 그들의 언행에서 제가 이해하거나 동의할 수 없는 부분이 있는데 만약 저의 판단이 옳다면 주님이 그들을 진리 가운데로 인도하여 주십시오."

그들이 한 말이나 행동을 이해할 수 없다는 이유만으로 내가 모든 것을 다 안다는 듯이 행동하면 안 된다. 또 그들의 행동을 판단할 수 있는 능력이 나에게 있다고 단정 짓지 마라. 오히려 그것을 이해할 때까지 하나님 앞에서 충분한 시간을 보내지 않았기에 이해하지 못하는 것일 수도 있다. 아니면 정말로 그들이 잘못했을 가능성도 있다.

영적 지도자나 다른 사람이 어떤 면에서 실수한다 할지라도 다른 면에서는 올바를 수 있다는 사실을 기억해야 한다. 만일 어떤 사람의 생활과 사역에 고쳐야 할 점이 있어 부득이하게 언급해야 할 때 하나님이 그 사람에 대해 보여 주시는 만큼만 말해야 한다.

하나님도 우리를 생각하실 때 부정적인 부분을 집어내시기보다는 긍정적인 부분을 더 많이 생각하신다. 이것은 하나님이 우리 죄를 간과하시기 때문이 아니라 그분의 성품이 자비하고 인애하며 온유하시기 때문이다.

수년 전 하나님이 나의 마음속 깊숙이 이 진리를 새겨 놓으신 한 사건이 있었다. 그 일은 지금까지도 나의 마음속에 남아 있다. 그때 어느 신앙 집회에서 여성 상담을 맡았다. 성령이 역사하셔서 그 집회에 모인 사람들 모두 하나님을 경외하는 마음으로 충만해 있었다.

그때 나는 성령의 인도하심을 따라 어떤 여인과 상담하고 있었는데 그 여인의 필요가 채워지는 것을 분명히 느낄 수 있었다. 그런데 갑자기 그다음에 내가 무엇을 해야 할지 전혀 알 수가 없었다. 우리는 둘 다 하나님의 역사가 아직 다 이루어지지 않았다는 사실을 알았다.

나는 내 안에 혹시 성령의 지식과 지혜가 흘러나오지 못하도록 뭔가 막고 있는 것이 있다면 보여 달라고 기도하였다. 그리고 곧 나에게 죄가 있다는 사실을 깨달았다. 하나님은 바로 그날 아침 내가 남편에게 그 집회 강사 중 한 사람에 대해 험담한 것을 생각나게 하셨다. 사실 그 말은 남편과 대화하며 지나가듯이 흘린 말이었을 뿐이다. 또 그 이야기를 하고서 남편이 있는 데서 하나님께 나의 죄를 고백했다. 그러나 난 하나님이 보시는 것처럼 그 죄를 보지 않았던 것이다. 내가 했던 고백과 회개는 피상적인 것에 불과했다.

나는 '주께서 기름부으신 자를 대적하는 죄'를 범했다. 하나님은 이 죄가 얼마나 심각한지 알려 주시려 하셨다. 이 죄가 얼마나 심각한지 깨닫고 나는 무릎을 꿇고 하나님께 잘못했다고 애원하며 기도했다. 그 죄가 얼마나 심각했던지, 그것은 점점 마음을 짓눌렀고 나는 결국 깊이 탄식하며 울부짖었다. 비로소 깊이 회개한 것이다. 마침내 하나님의 평강을 느꼈을 때 나는 벌떡 일어나 그 여인에게 갔다. 하나님은 여인에게 필요한 부분이 나를 통해 흘러가게 하셨고, 하나님의 지혜를 더해 주셨다.

그날 나의 생활에 어떤 변화가 일어났다. 나를 겸손하게 하는,

내게 꼭 필요한 변화였다. 히브리서 12장 10절 말씀이 더욱 새롭고 깊게 내 안에 들어왔다. "그들은 잠시 자기의 뜻대로 우리를 징계하였거니와 오직 하나님은 우리의 유익을 위하여 그의 거룩하심에 참여하게 하시느니라."

이것이 너무나 중요한 말씀이었기에 하나님은 또 다른 일을 경험하게 하셨다. 어느 큰 교회의 토요집회를 인도했던 강사가 있었다. 그 교회에 강사가 전혀 모르는 젊은 여성이 그 모임에 참석했다. 여인은 주일 밤에 예배를 마치고 집에 돌아가서 잠자리에 들었다. 그런데 잠자리에 들기 전만 해도 멀쩡했던 머리와 척추에 갑자기 심한 통증을 느끼며 한밤중에 잠을 깨고 말았다. 그날 저녁예배 시간 설교는 '일이 잘 되지 않을 때 해야 할 것'에 관한 것이었다. 강사는 그럴 때 제일 먼저 하나님께 "제게 가르치시려고 하는 것이 무엇입니까?" 하고 질문하라고 했다. 그리고 하나님 말씀을 통해 몇 가지 답을 가르쳐 주었다. 생활 속에서 아직 처리하지 못한 죄 때문에 시련당할 수도 있다는 것이다.

여인은 이 말씀을 기억하고 하나님께 소리 내어 여쭈었다. "갑작스러운 통증으로 잠을 깬 것이 제 생활에 아직 처리하지 못한 죄 때문입니까?"

그러자 성령님이 말씀하셨다. "그래. 오늘 저녁 너는 그 강사를 비판하지 않았느냐?"

"그렇습니다, 주님" 하고 여인은 시인했다. 그러자 성령님은 남편과 그날 밤 예배에 참석한 사람들 앞에서 어떻게 강사를 비난했는지 기억나게 하셨다. 여인은 주님 앞에 이 죄를 고백하고 회개했다. 그러자 그 즉시 척추의 통증이 사라졌다.

그러나 두통은 다음 날 아침까지 계속되었다. 그래서 아직도 회개해야 할 다른 죄가 있는지 다시 여쭈었다.

그러자 성령님은 "강사에게 용서를 구해야 한다. 네 자신을 낮추어야 한다"고 말씀하셨다.

여인은 교회 사무실로 전화했다. "강사님께 드릴 말씀이 있어요." 그러자 교회 직원이 대답했다. "초청 강사님을 방해하지 않는 것이 저희 원칙입니다. 주말 사역으로 무척 피곤하실 테니까요. 사모님이 마침 교회에 계신데 한번 말씀해 보세요."

여인은 사모님을 찾아가서 겸손히 자기 마음을 털어 놓았다. "하나님이 생각나게 해주셨는데 제가 일 년 전에 그 강사님이 우리 교회에 오셨을 때도 같은 죄를 범했습니다."(그 당시 그는 초신자였기 때문에 하나님도 그리스도 안에서 갓난아이를 대하듯 그냥 묵인해 주셨다. 그러나 일 년이 지난 지금은 상황이 완전히 달라졌다.) 여인은 계속해서 말했다. "예전만 해도 하나님이 이런 죄를 어떻게 보시는지 알지 못했지만 지금은 깨닫고 있습니다. 지난밤에 제가 이 죄를 고백했을 때 즉시 척추의 통증이 사라졌어요. 사모님께 모든 것을 말씀드렸는데 무엇을 더 해야 할지 모르겠어요.

사모님이 강사님께 이 모든 말씀을 대신 해주셨으면 좋겠어요."

여인이 자신을 낮추고 하나님께 순종하자 두통도 말끔히 없애 주셨다. 용서를 구할 때 겸손히 자기를 낮추는 일은 너무나도 중요하다. 야고보서 5장 16절에는 "그러므로 너희 죄를 서로 고백하며 병이 낫기를 위하여 서로 기도하라 의인의 간구는 역사하는 힘이 큼이니라"고 하셨다.

이 젊은 여인은 자유로워졌다. 하나님은 여인의 겸손과 회개를 받아 주셨다.

성경은 우리가 영적 권위자의 위치에서 다른 권위자가 잘못한 문제를 다루어야 할 때도 어떻게 행동해야 하는지 명확하게 제시한다.

형제들아 사람이 만일 무슨 범죄한 일이 드러나거든 신령한 너희는 온유한 심령으로 그러한 자를 바로잡고 너 자신을 살펴보아 너도 시험을 받을까 두려워하라(갈 6:1).

네 형제가 죄를 범하거든 가서 너와 그 사람과만 상대하여 권고하라 만일 들으면 네가 네 형제를 얻은 것이요 만일 듣지 않거든 한두 사람을 데리고 가서 두세 증인의 입으로 말마다 확증하게 하라 만일 그들의 말도 듣지 않거든 교회에 말하고 교회의 말도 듣지 않거든 이방인과 세리와 같이 여기라(마 18:15-17).

장로에 대한 고발은 두세 증인이 없으면 받지 말 것이요(딤전 5:19).

내가 이제 세 번째 너희에게 가리니 두세 증인의 입으로 말마다 확정하리라(고후 13:1).

누구에게 권고할지, 가장 적절한 시기는 언제인지 아는 것이 중요하다. 우리가 알고자 한다면 하나님은 기꺼이 가르쳐 주실 것이다. 주님은 친히 이렇게 약속하셨다. "명령을 지키는 자는 불행을 알지 못하리라 지혜자의 마음은 때와 판단을 분변하나니"(전 8:5).

겸손한 태도로 진정으로 회개할 줄 아는 사람을 바로잡거나 훈계해야 할 때는 하나님의 성품대로 하는 것이 중요하다. 하나님의 사랑과 자비가 그분의 거룩하심, 정의, 공의와 균형을 이루어야 한다.

나는 성경에서 하나님의 성품을 가장 균형 있게 표현한 구절이 바로 예레미야 9장 24절이라고 생각한다. "자랑하는 자는 이것으로 자랑할지니 곧 명철하여 나를 아는 것과 나 여호와는 사랑과 정의와 공의를 땅에 행하는 자인 줄 깨닫는 것이라 나는 이 일을 기뻐하노라 여호와의 말씀이니라."

사랑	정의	공의
(오래 참고 자비하심)	(공평)	(거룩하심)

하나님은 그분의 다른 성품이 이 세 가지 성품을 기본으로 하여 표현되기를 기뻐하신다. 이중 어느 하나를 다른 것보다 더 집중적으로 다룬다면, 우리는 분명 하나님에 대해 균형 잡힌 생각을 하지 못하는 것이다. 또 균형 잡히지 않은 생각은 계속 혼란을 일으키며, 하나님을 올바르게 이야기하지 못하게 할 것이다. 오늘날 하나님을 '정의의 하나님'으로 보는 관점은 거의 언급하지 않는다. 그 결과 많은 사람이 이것에 무지하다. "내 백성은 여호와가 바라는 공평을 알지도 못한다"(렘 8:7, 쉬운성경).

예레미야 5장에서 하나님은 정의를 행하실 때 베푸시는 공의를 설명하신다. 하나님이 그의 백성에게 사방을 둘러보아 "정의를 행하며 진리를 구하는 자"(렘 5:1)가 있는지 찾아보라고 말씀하실 때 '정의'라는 주제를 '진리를 좇음'과 연결해서 말씀하셨다.

진정으로 하나님이 누구이신지 알기 원한다면 그분의 다른 속성과 더불어 정의의 속성 또한 연구하고 받아들여야 한다. 우리가 어떤 판단을 내릴 경우, 판단의 기준이 되는 모든 진리를 알아야 한다는 말이다.

그다음 예레미야 5장 4-5절을 보면 더 나아가 영적 성숙과 성숙하지 못함에 대해 말씀하신다. (1) 하나님의 정의를 이해하지 못하는 사람은 우둔하고 여호와의 길을 알지 못하며 (2) 진정으로 위대한 사람은 여호와의 길과 공평을 안다. 이 말씀을 생각해 보라. "'이들은 가난하고 어리석은 백성일 뿐이다. 그들은 여호와의 길을 알지 못한다. 그들은 자기 하나님께서 바라시는 공평이 무엇인지도 모른다. 그러니 내가 유다의 지도자들에게 가 보겠다. 가서 그들에게 말해 보겠다. 틀림없이 그들은 여호와의 길과 하나님께서 바라시는 공평이 무엇인지 알고 있을 것이다.' 그러나 그 지도자들도 주님을 배반하고 떠나가기는 마찬가지였습니다. 그들은 주님과 이어진 끈을 끊어 버렸습니다"(렘 5:4-5, 쉬운성경).

나는 또한 우리가 하나님의 공의를 연구하지 않고는 하나님과 그분의 길을 절대 이해하지 못할 것이라 믿는다. 이것은 내 삶에서 가장 보람 있는 성경 연구 중 하나였다. 그리고 하나님을 효율적으로 알리고자 그분에 대해 알려고 하는 데 꼭 필요한 부분이었다.[3]

징계 처분을 받고 참회하는 가운데 있는 사람은 하나님의 성품과 일치하지 않는다고 생각하는 것이라면 어떤 것에든지 의문을 제기할 수 있다. 이렇게 할 수 있는 것은 하나님 공의의 일부이다. 이 주제를 다룬 두 가지 설교 테이프가 있는데, 하나는 〈리더십에 있는 하나님의 공의〉(The Justice of God in Leadership)라는 녹음 테이프, 다른 하나는 〈하나님의 공의 이해하기〉(Understanding God's Justice)라는 비디오 테이프다.

만일 우리가 섬기는 영적 권위자에게 잘못이 있다고 생각하면 하나님을 경외하는 마음으로 다음과 같이 행동해야 한다.

1. 먼저 앞뒤 사정을 확실히 알고서 그렇게 판단한 것인지 엄밀하게 따져 봐야 한다. 단지 소문이나 선입견으로 성급히 단정해서는 안 된다. 요한복음 7장 24절에서 예수님은 "외모로 판단하지 말고 공의롭게 판단하라"고 말씀하셨다. 우리는 오직 하나님만이 모든 사람의 중심을 꿰뚫어 보시며 모든 사정을 면밀히 살피시는 분임을 명심해야 한다. 사람을 잘못 판단할 수도 있고 우리가 모르는 사이 그들이 회개했을 수도 있기 때문이다.
2. 성령이 우리의 중심을 살피셔서 혹시 마음속에 권위자에 대한 반감이나 비판 의식이 있지는 않은지 보여 달라고 기도하라. 만일 그러한 불만이 있다면 회개하라. "모든 사람과 더불어 화평함과 거룩함을 따르라 이것이 없이는 아무도 주를 보지 못하리라 너희는 하나님의 은혜에 이르지 못하는 자가 없도록 하고 또 쓴 뿌리가 나서 괴롭게 하여 많은 사람이 이로 말미암아 더럽게 되지 않게 하며"(히 12:14-15).
3. 권위자를 향한 하나님의 사랑을 우리 마음에 부어 주시도록 기도하자. 그리고 그렇게 하시는 하나님을 믿고 감사

드리자. "무엇보다도 뜨겁게 서로 사랑할지니 사랑은 허다한 죄를 덮느니라"(벧전 4:8).

4. 우리 안에 있는 하나님의 사랑이 흘러나오는 것이 곧 성령이 하시는 일이라는 점을 명심해야 한다. 그러고 나서 성령의 다스림에 순복하면 된다. "우리에게 주신 성령으로 말미암아 하나님의 사랑이 우리 마음에 부은 바 됨이니"(롬 5:5).

5. 지금까지 그 권위자를 통하여 받았던 축복을 생각하고 하나님께 감사드리자. "아무 것도 염려하지 말고 다만 모든 일에 기도와 간구로, 너희 구할 것을 감사함으로 하나님께 아뢰라"(빌 4:6).

6. 하나님이 그 권위자의 가장 깊은 필요를 채워 주시도록 기도하고 진리를 가르쳐 주셔서 진리 안에서 생활할 수 있도록 하나님께 청하자. 우리는 확고한 믿음으로 계속 기도해야 한다. 그러나 지도자들의 필요를 마음대로 판단하여 하나님께 제시하지는 마라.

7. 성령이 말해도 된다고 명령하시기 전에는 다른 사람과 그 권위자에 대한 이야기를 나눠서는 안 된다. 듣는 사람의 마음이 우리처럼 준비가 되지 않았을 수도 있기 때문이다. 그러나 성령이 이야기를 나누어도 된다고 말씀하실 때는 위와 같은 방법으로 권위자를 위해 다른 사람들과 함께

중보할 수 있다.
8. 시간이 지났는데도 권위자에게서 변화의 기색을 볼 수 없다면 이 문제를 다룰 만한 영적 권위가 있는 다른 사람들이 이 문제를 알 수 있게 해 달라고 하나님께 간구하자. 또 그분들이 성경적인 원리로 이 문제를 처리할 수 있도록 기도하자.
9. 우리는 하나님의 손에 권위자를 맡겨 드리고, 그분만이 이 모든 상황에서 영광을 받으시도록 기도하자. 그리고 그렇게 역사하시는 하나님을 믿자.

만일 권위자가 하나님이 빛 가운데 계신 것같이 빛 가운데 행한다면(요일 1:7) 그에게 잘못이 있든 없든 하나님이 그를 변호해 주실 것이다.

"그러므로 때가 이르기 전 곧 주께서 오시기까지 아무것도 판단하지 말라 그가 어둠에 감추인 것들을 드러내고 마음의 뜻을 나타내시리니 그때에 각 사람에게 하나님으로부터 칭찬이 있으리라"(고전 4:5).

"너를 치려고 제조된 모든 연장이 쓸모가 없을 것이라 일어나 너를 대적하여 송사하는 모든 혀는 네게 정죄를 당하리니 이는 여호와의 종들의 기업이요 이는 그들이 내게서 얻은 공의니라 여호와의 말씀이니라"(사 54:17).

그러나 그 권위자가 빛 가운데 행하지 않는다면 하나님은 말씀대로 그를 심판하실 것이다. "어떤 사람들의 죄는 밝히 드러나 먼저 심판에 나아가고 어떤 사람들의 죄는 그 뒤를 따르나니"(딤전 5:24). "숨은 것이 장차 드러나지 아니할 것이 없고 감추인 것이 장차 알려지고 나타나지 않을 것이 없느니라"(눅 8:17).

14
격려하시는 하나님

지금까지 하나님을 경외하는 마음이 얼마나 부족했는지 깨달았을 것이다. 하나님을 찬양하자. 진정으로 회개하는 자에게 베푸시는 하나님의 자비는 언제나 끝이 없다. 여호수아 3장 5절은 큰 위로를 주는 진리의 말씀이다. "너희는 자신을 성결하게 하라 여호와께서 내일 너희 가운데에 기이한 일들을 행하시리라."

비록 오늘은 실수했다 하더라도 내일을 향한 새로운 계획을 주시는 하나님을 찬양한다.

주와 같은 신이 어디 있으리이까 주께서는 죄악과 그 기업에 남은 자의 허물을 사유하시며 인애를 기뻐하시므로 진노를 오래 품지 아니하시나이다 다시 우리를 불쌍히 여기셔서 우리의 죄악을 발로 밟으시고 우리의 모든 죄를 깊은 바다에 던지시리이다(미 7:18-19).

하나님이 우리에게 요구하시는 바와 같이 하나님과 사람 앞에서 자신을 참으로 낮추고 거룩한 길로 나아갈 때(사 35:8) 우리의 가장 큰 약점이 가장 큰 강점으로 바뀔 것이다. 이것야말로 기쁜 소식이 아니고 또 무엇이겠는가!

생각해 보라. 모세는 살인자였다. 그러나 신명기 34장 10절에서 보는 바와 같이 "그 후에는 이스라엘에 모세와 같은 선지자가 일어나지 못하였나니 모세는 여호와께서 대면하여 아시던 자요"라고 일컬음을 받지 않았는가.

다윗도 살인자요, 간음을 저지른 사람이었다. 그러나 시편 51편과 같은 기도문을 남겼으며 사도행전 13장 22절에 기록된 대로 하나님의 뜻을 이루는, 하나님 마음에 합한 사람이 되었다.

욥은 시험의 막바지에 이르러 자기 의(義)를 주장하고 하나님을 원망하는 마음이 있었으나, 하나님을 새롭게 알고 나서는 이렇게 고백하였다. "그러므로 내가 스스로 거두어들이고 티끌과 재 가운데에서 회개하나이다"(욥 42:6). 그리고 하나님은 이렇게 응답하셨다. "욥이 그의 친구들을 위하여 기도할 때 여호와께서 욥의 곤경을 돌이키시고 여호와께서 욥에게 이전 모든 소유보다 갑절이나 주신지라"(10절).

느부갓네살 왕은 교만한 사람이었고 하나님의 지존하신 권세와 주권을 인정하려 들지 않았다. 그래서 하나님의 준엄한 심판을 받았다. "내가 사람에게 쫓겨나서 소처럼 풀을 먹으며"(단

4:33). 그러나 왕이 회개하고 완전히 회복되고 나서는 하나님의 공의에 대해 성경에 나온 기록 중 가장 뛰어난 증거를 했다. 하나님은 왕이 더 큰 위세를 떨칠 수 있게 해주셨다(36-37절).

우리는 하나님과 친밀한 관계를 맺지 못할까 봐 절망할 필요가 없다. 복잡하게 생각할 필요도 없다. 하나님 말씀에 순종하기만 하면 된다.

하나님은 우리에게 순종하고자 하는 마음만 있다면 순종하는 데 필요한 모든 것을 명확하게 가르쳐 주시겠다고 약속하셨다. "내가 네 갈 길을 가르쳐 보이고 너를 주목하여 훈계하리로다"(시 32:8).

또 하나님을 부지런히 찾는 자에게는 언제나 상을 주신다는 말씀으로 용기를 얻을 수 있다. "믿음이 없이는 하나님을 기쁘시게 하지 못하나니 하나님께 나아가는 자는 반드시 그가 계신 것과 또한 그가 자기를 찾는 자들에게 상 주시는 이심을 믿어야 할지니라"(히 11:6).

우리가 어린아이처럼 단순하게 사랑의 하나님 아버지를 향하여 한 걸음씩 순종함으로 걸어갈 때 우리는 하나님과 더욱 친밀해진다. 하나님 아버지는 우리 손을 붙잡고 한 걸음 더 나아가기를 간절히 바라신다.

걷는 연습을 하는 어린아이처럼 우리가 넘어져도 아버지는 다시 우리를 일으켜 세우셔서 한 걸음씩 발걸음을 내딛도록 도와주신다. 그래서 하나님 아버지께 순종하는 것이 어느 틈엔가 삶의 방식이 된다.

이 책 부록에 나오는 '성숙한 그리스도인이 되는 길'을 보면 어떻게 첫걸음을 떼어야 하는지 알 수 있을 것이다.

15
우상숭배

우리는 하나님의 기준에 따라 생활하지 않으면서도 스스로 하나님을 경외하는 생활을 한다고 생각할 수 있다. 열왕기하 17장은 이런 경우를 잘 보여 준다.

"그들이 처음으로 거기 거주할 때에 여호와를 경외하지 아니하므로"(왕하 17:25). 본문에 나와 있는 대로 백성들은 하나님의 심판을 받았다. 그런데 다음 26절에는 이들이 하나님 말씀을 알지 못하였다고 기록되었다. 대개 하나님 말씀을 잘 알지 못하면 하나님을 경외하는 마음을 품기도 어렵다.

하나님의 심판을 경험한 앗수르 왕은 제사장 한 명을 뽑아 자기 백성들과 함께 살게 하고, 그곳에서 하나님을 경외하는 방법과 하나님 말씀을 가르치도록 명령했다.

계속 성경말씀을 보면, 이들은 자신들이 하고 싶은 대로 다

했다. 여전히 우상숭배를 하면서도 혹시 복을 받지 않을까 기대하며 하나님 앞에서 종교적인 행사를 치렀다. 그러나 이것은 허위일 뿐이었고, 그곳에는 어떠한 하나님의 역사도 없었다. 33절은 이렇게 말한다. "이와 같이 그들이 여호와도 경외하고 또한… 자기의 신들도 섬겼더라."

하나님은 이들이 하나님을 경외한 것이 아니라 단지 말로만 그렇게 했을 뿐이라고 분명히 말씀하신다. "그들이 오늘까지 이전 풍속대로 행하여 여호와를 경외하지 아니하며 또 여호와께서 이스라엘이라 이름을 주신 야곱의 자손에게 명령하신 율례와 법도와 율법과 계명을 준행하지 아니하는도다"(34절).

우리는 하나님 말씀이 의의 기준이라고 믿고 인정한다. 그러므로 정말로 하나님을 경외한다면 우리의 모든 삶이 하나님 말씀에 합당해야 한다.

여기에서 하나님이 분명히 말씀하시는 것은 우리가 우상숭배를 하지 않는 만큼 하나님을 경외하는 마음이 있다는 것이다. 우상이란 예수 그리스도보다 더 우선하는 사물이나 사람을 말한다. 즉, 생활과 생각과 시간을 할애하는 데 있어 예수 그리스도보다 더 애착을 느끼고 마음을 쏟는 것이 곧 우상이다.

그래서 첫 번째 계명에 담긴 의미는 매우 중요하다. 우리는 보통 "너는 나 외에는 다른 신들을 네게 두지 말라"(출 20:3)는 말씀을 지키고 있다고 생각한다. 또 "나의 모든 근원이 네게 있다"(시 87:7)는 말씀을 확신하며 말할 수 있다면, 이 계명에 순종하며 살고 있다고 생각한다.

그러나 하나님은 우상숭배를 일종의 '마음속에 있는 질병'으로 보신다. 이러한 질병은 정기적으로 교회를 다니거나 여러 기독교 활동에 참여하는 사람에게도 있을 수 있다.

에스겔 선지자는 하나님 말씀을 들으러 찾아온 이스라엘의 장로들에게 하나님이 주시는 강한 질책의 말씀을 전달했다. 하나님은 에스겔에게 이스라엘 장로들의 마음속에 여전히 우상이 있기 때문에 선지자를 통해서는 아무 말씀도 주시지 않고, 직접 심판을 내려 말씀하겠다고 하셨다(겔 14:1-8). 그들의 마음속에는 이미 다른 것들이 하나님의 자리를 차지하고 있었다. 그래서 장로들은 하나님께 소원해지고 냉랭해졌으며 하나님을 쉽게 배반했다. "이는 이스라엘 족속이 다 그 우상으로 말미암아 나를 배반하였으므로 내가 그들이 마음먹은 대로 그들을 잡으려 함이라"(5절).

영적 지도자이거나 중요한 사역을 맡아서 막중한 영적 책임을 감당하는 사람일수록 사역 자체에 초점을 맞추기 쉽다. 그러면 너무 쉽게 사역 위주로 움직이게 된다. 그러나 사역 또한 우상이다. 따라서 우리는 이렇게 자문해 보아야 한다.

내가 가장 재미있어 하는 것은 무엇인가?

내가 가장 많이 생각하는 것은 무엇인가?
내가 가장 많이 말하는 것은 무엇인가?
내가 가장 많은 시간을 내서 하는 일은 무엇인가?

재산을 모으는 일? 돈? 투자? 음식? 성적인 만족을 누리는 것? 사업이 번창하는 것? 세력을 쌓는 것? 여행? 취미 생활? 더 나은 교육을 받는 것? 운동? 텔레비전? 지도자가 되는 것? 영적인 지도자가 되는 것? 친구? 과업을 달성하는 것? 비전을 이루는 것? 사역? 여가를 보내는 것? 쾌락을 쫓는 것?

호세아는 백성들의 광적인 우상숭배를 자세히 기술했다. 하나님은 사랑하는 아버지의 심정으로 간절히 에브라임을 부르신다. 다음 말씀에 에브라임 대신 우리의 이름을 넣어 읽어 보기 바란다. "에브라임의 말이 내가 다시 우상과 무슨 상관이 있으리요 할지라 내가 그를 돌아보아 대답하기를 나는 푸른 잣나무 같으니 네가 나로 말미암아 열매를 얻으리라"(호 14:8).

이 말씀은 곧 하나님이 이렇게 말씀하시는 것과 같다. "나는 너에게 목숨을 주었고, 영원한 생명을 주었으며, 네 기도에 응답하였고, 아무도 너를 돌아보지 않았을 때 돌아보았으며, 보호하였고, 위로하였고, 인도하였고, 너를 알고 영원한 사랑으로 사랑하였으며, 너에게 능력과 힘을 주었고, 올바른 선택을 할 수 있도록 너를 도와주었으며, 너에게 성령의 역사가 이루어지게 하였고, 다른 사람을 위해서 너를 사용하였다. 그 누구도 네게 이렇게 대해 주지 않았다. 나는 네 생명의 근원이다. 그런데 나를 알고자 하는 갈망을 먼저 추구하지 않고 왜 다른 것들을 추구하느냐? 다른 어떠한 우상도 너를 채울 수는 없다!"

이제 예수님이 마태복음 22장 37절에서 "네 마음을 다하고 목숨을 다하고 뜻을 다하여 주 너의 하나님을 사랑하라"고 하신 말씀의 중요성을 한층 잘 이해했을 줄 안다. 이 말씀은 하나님이 어떠한 분이신지 어떤 일을 하셨는지 깨달을 때 비로소 이해할 수 있다.

하나님은 우상의 백해무익함을 이렇게 말씀하신다. "어느 나라가 그들의 신들을 신 아닌 것과 바꾼 일이 있느냐 그러나 나의 백성은 그의 영광을 무익한 것과 바꾸었도다"(렘 2:11).

지극한 사랑이요 삶의 의미요 모든 것이 완전하며 스스로 있는 자를 저버린 백성들을 안타까워하며 하나님이 말씀하신다. "너 하늘아 이 일로 말미암아 놀랄지어다 심히 떨지어다 두려워할지어다 여호와의 말씀이니라 내 백성이 두 가지 악을 행하였나니 곧 그들이 생수의 근원 되는 나를 버린 것과 스스로 웅덩이를 판 것인데 그것은 그 물을 가두지 못할 터진 웅덩이들이니라"(12-13절).

하나님이 이와 같이 강력하게 말씀하시는 것은 백성이 단순히 하나님을 섬기지 않았기 때문이 아니라 하나님을 저버렸기 때문이라는 점을 알겠는가? 고독하신 하나님을 한 번이라도 생각해 본 적이 있는가? 하나님은 우리와 친구처럼 교제하시려고 우리를 창조하셨다. 그런데 우리는 하나님과 친밀한 교제를 나누고자 과연 얼마나 시간을 내고 있는지!

성경을 공부하고 다른 사람을 위해 중보하고, 하나님의 인도를 구하는 일이 성숙한 그리스도인의 삶 전부는 아니다. 가장 중요한 하나님과의 친교를 위해 시간을 할애하는 그리스도인은 별로 없다.

어떤 사람은 더 많은 시간과 돈을 들여 자신의 삶을 즐기고 누릴 때 더욱 행복해질 거라고 생각한다. 그런 사람들은 하나님과 이웃을 섬기고 헌신하는 일에는 몸을 사린다. 개인적인 쾌락을 마다하고 이웃을 위해 열심히 봉사하면서도 '낚시나 골프나 독서를 한다고 천국 가는 일에 지장이 생기지는 않을 텐데…' 하고 생각하는 사람도 있다.

그러나 실제로 하나님과 이웃을 섬기고 봉사를 하면 할수록 그분은 우리가 즐거움과 보람을 만끽할 수 있도록 넘치는 은혜를 주신다는 사실을 알아야 한다. 이것이 바로 우리가 생각하고 계획하는 것보다 넘치도록 주시는 하나님의 손길이다.

우리 하나님은 한없이 공의롭고 놀라우신 분이다. 하나님께 내 자신을 포기하는 순간마다, 하나님 말씀에 따라 순종의 발걸음을 옮길 때마다 하나님은 내가 생각하는 것보다 넘치도록 나와 내 가족을 축복하셨다. 그리고 더욱 풍성히 보상해 주셨다.

그래서 나는 이것을 굳게 믿는다. 이 세상에서 천국을 누리는 길은 즐거워하며 그분의 뜻 가운데 행하고, 사랑이신 하나님, 내가 이 세상 어디에 있든지 나를 위한 계획을 세우신 하나님께 나의 모든 기쁨을 두는 것이다.

이것이 자유다. 또한 이것이 우리가 이루고자 하는 것이다. 두 마음을 품지 않고 전심으로 하나님을 모신다면, 우리가 치르는 대가가 아무리 크다 해도 하나님이 주신 특권이나 보상과는 비교할 수 없다는 사실을 알게 될 것이다.

열왕기하 23장과 신명기 9장에서 보듯이 백성들이 우상숭배에서 완전히 돌아섰을 때 지도자들은 우상을 깨뜨리고 빻아서 가루로 만들고 불살라 재와 먼지로 날려 버렸다. 이것이 참된 회개다.

그러나 만일 우리가 주님이 계셔야 할 자리에 다른 것을 두고서 회개하지 않는다면 하나님은 우리를 심판하실 것이다.

대개 우상숭배는 아주 서서히 교묘한 방법으로 들어오기 때문에 성령이 우리에게 밝히 보이시기 전에는 잘 보이지 않는다.

성경 교사인 한 자매가 해준 이야기가 있다. 어느 날 그가 바느질 방에 있을 때 갑자기 전등이 나갔다고 한다. 그래서 왜 이런 일이 일어났는지 주님께 여쭈었다. 그러자 하나님은 그 자매가 먼저 하나님을 구하기 전에 바느질에 열중해 있었다는 사실을 깨닫게 해주셨다. 이 자매는 생활에서 하나님을 우선해야 한다는 원칙을 지키지 않았던 것이다. 자매는 회개했고, 하나님은 그를 용서하시고 풍성한 자비와 지혜를 베푸셨다.

또 언젠가 선교 동역자인 한 친구가 해준 이야기가 있는데, 그것은 내게 강한 인상을 남겼다. 어느 날 친구는 자신이 숭배하는 우상이 무엇인지 살펴보려고 성경을 공부했다. 그런데 잉크가 쏟아져서 펼쳐 놓은 성경 안쪽을 완전히 버리게 되었다. 그때 성령은 그 친구가 하나님보다 성경공부를 사랑하는 마음이 더 컸다는 사실을 깨닫게 해주셨다.

우리 마음속에 품었던 우상이 있다면, 하나님 앞에서(하나님이 하라고 말씀하시면 사람 앞에서도) 그 우상이 어떤 것인지 고하라. 그리고 생각과 마음과 생활을 바꾸는 진정한 회개를 하자. 그럴 때 하나님이 역사하셔서 우리를 해방시켜 주실 것이다. 하나님이 바로 우리의 구원자이시기 때문이다.

"맑은 물을 너희에게 뿌려서 너희로 정결하게 하되 곧 너희 모든 더러운 것에서와 모든 우상숭배에서 너희를 정결하게 할 것이며"(겔 36:25).

"내가 너희를 모든 더러운 데에서 구원하고 곡식이 풍성하게 하여 기근이 너희에게 닥치지 아니하게 할 것이며"(겔 36:29).

PART 4

하나님을 경외하는 자에게 주시는 약속

16

경외하는 마음을 갖는
다섯 가지 방법

"여호와를 경외함이 지혜의 근본이라 그의 계명을 지키는 자는 다 훌륭한 지각을 가진 자이니"(시 111:10).

"여호와를 경외하는 것이 지식의 근본이거늘"(잠 1:7).

"여호와를 경외하는 것은 지혜의 훈계라"(잠 15:33).

만약 하나님을 경외하는 마음이 지식의 근본이요 지혜의 근본이라면 모든 것은 하나님을 경외하는 마음에서 시작된다. 그러면 우리는 과연 어떠한가?

이 질문은 "그리스도의 몸에서 어떤 사역을 맡고 있는가?" "얼마나 많은 사람에게 복음을 전파했는가?" "사람들에게 얼마나 존경받는 사람인가?" "지도적인 위치에 있는가?" "그동안 쌓은 업적은 무엇인가?" 따위를 묻는 것이 아니다. 바로 살아 계신 하나님 말씀대로 "그분을 경외하는 마음이 있는가?"라고 묻는다. 어떻게 하면 하나님을 경외하는 마음을 가질 수 있을까?

1. 우리의 의지로 선택한다.

"저에게는 하나님을 경외하는 마음이 절실히 필요합니다" 하고 고백한다. 잠언 1장 29절은 "대저 너희가 지식을 미워하며 여호와 경외하기를 즐거워하지 아니하며"라고 말한다.

2. 하나님 앞에서 우리에게 하나님을 경외하는 마음이 없음을 고백하고 우리를 긍휼히 여겨 달라고 구한다.

3. 간절한 마음으로 계속 하나님을 경외하는 마음을 구하고 믿음으로 받아들인다.

히브리서 11장 6절은 "믿음이 없이는 기쁘시게 못하나니"라고 말한다. 우리가 밤낮으로 하나님을 경외하는 마음을 구한다 해도 믿음으로 받아들이지 않으면 아무 역사도 일어나지 않는다. 로마서 14장 23절은 "믿음을 따라 하지 아니하는 것은 다 죄니라"고 말씀한다. 하나님의 성품으로 볼 때, 그분은 우리에게 경외하는 마음 주기를 기뻐하신다. 하나님을 경외하는 마음은 죄에 대해 새로운 태도를 취하게 한다. 즉, 죄가 역겨워지고 싫어진다.

4. 성경을 통해 하나님을 경외하는 마음을 공부한다.

가장 좋은 방법은 말씀을 듣고, 보고, 읽고, 쓰고, 묵상하는 것이다. 이렇게 기록한 공책이 여러 권 필요할 정도로 하나님은 크신 분이다. 우리가 배워야 할 하나님의 성품과 원칙은 무궁무진하다. 나는 몇 년 동안 '하나님의 성품'과 '하나님의 원칙'을 배우고자 성경말씀을 기록했는데 큰 공책 한 권 분량이 넘는 많은 말씀을 찾을 수 있었다.

경외하는 마음을 성경으로 공부하기로 결정했으면 우선 말씀을 예리하게 볼 수 있는 지혜를 달라고 기도하라. 그러고서 경외하는 마음에 대한 성경구절을 찾아 공책에 옮겨 적고 그 말씀을 묵상한다. 성령의 조명하심에 따라 말씀을 주의 깊게 읽고 그 의미를 깨닫게 해 달라고 하나님께 구하라. 그리고 그렇게 하실 하나님을 신뢰하라.

나는 진정으로 하나님을 알고 싶어 이러한 방식으로 성경공부를 시작했는데, 지금까지 기록한 말씀 중에 하나님을 경외하는 마음에 대한 내용이 가장 많았다. 다른 진리도 중요하지만, 하나님을 경외하는 마음은 중심 진리에 속한다. 하나님이 반복해서 비중 있게 말씀하시는 것은 그만큼 중요하기 때문이다. 우리는 무엇에 초점을 두어야 하는가? 당연히 하나님이 거듭해서 강조하시는 말씀에 관심을 두고, 그것을 우리 삶에 적용해야 한다.

만약 당신이 사장이라면 어떤 사람에게 더 중요한 직책을 맡기겠는가? 분명히 유능하고 마음에 맞는 사람일 것이다. 하나님도 마찬가지시다.

살아 계신 만유의 하나님과 절친한 관계를 맺고 싶은가? 그러면 하나님이 중요하게 여기시는 것을 중요하게 생각하라. 하나님이 무엇보다 가장 중요하게 여기시는 것은 바로 거룩함이다. "여호와의 친밀하심이 그를 경외하는 자(곧 죄를 미워하는 자)에게 있음이여 그의 언약(또는 비밀)을 그들에게 보이시리로다"(시 25:14). 여기에서 언약이란 하나님 말씀의 비밀을 뜻한다. 또 타락한 세상을 구원하시려는 하나님의 비밀스러운 경륜과 계획을 가리킨다.

다음 구절은 어떻게 말씀으로 하나님을 경외하는 마음을 공부할 수 있는지 가르쳐 준다.

> 내 아들아 네가 만일 나의 말을 받으며 나의 계명을 네게 간직하며 네 귀를 지혜에 기울이며 네 마음을 명철에 두며 지식을 불러 구하며 명철을 얻으려고 소리를 높이며 은을 구하는 것같이 그것을 구하며 감추어진 보배를 찾는 것같이 그것을 찾으면 여호와 경외하기를 깨달으며 하나님을 알게 되리니(잠 2:1-5).

잃어버린 돈을 어쩌다가 우연히 찾는 경우는 거의 없다. 엄청난 가치가 있을수록 부지런히 찾아야만 얻을 수 있다. 그런데 그저 냉담하게 바라보기만 하겠는가?

5. 마지막으로 하나님을 경외하는 마음을 가르치는 하나님의 특수학교에 자주 들어간다.

너희 자녀들아 와서 내 말을 들으라 내가 여호와를 경외하는 법을 너희에게 가르치리로다 생명을 사모하고 연수를 사랑하여 복 받기를 원하는 사람이 누구뇨 네 혀를 악에서 금하며 네 입술을 거짓말에서 금할지어다 악을 버리고 선을 행하며 화평을 찾아 따를지어다 (시 34:11-14).

우리가 이 학교에 들어가 자리에 앉았을 때 제일 먼저 배우는 내용은 혀에 관한 것이다. 어떤 사람이 하나님을 경외하는 사람인지 알아보려 할 때 그 사람 옆에 오래 앉아 있지 않아도 알 수 있다. 하나님을 경외하는 사람인지 알아보는 방법은 보통 그 사람이 하는 말보다는 하지 않는 말을 보고 알 수 있다. "네 혀를 악에서 금하며 네 입술을 거짓말에서 금할지어다"(13절). 이 말씀을 문자 그대로 받아들이자. 하나님은 우리가 그렇게 하기를 바라신다. "네 혀를 악에서 금하며." 즉, 비판과 판단과 불신앙과 원망과 교만이 섞인 말을 하지 말아야 한다는 말씀이다. 말을 조심하는 것이 하나님을 경외하는 생활의 특징이다. "네 입술을 거짓말에서 금할지어다." 이 말씀은 항상 100% 정직하라는 의미다.

우리에게 진정으로 하나님을 경외하는 마음이 있는가? 그러면 과장해서 말하는 것을 어떻게 보는가? 과장은 사실보다 한두 마디쯤 더 보태거나 마치 그런 것처럼 보이게끔 암시를 주는 것이다. 또 우리는 들은 이야기에서 몇 마디를 빼고서 다른 사람에게 옮기기도 한다. 들은 이야기의 전부를 말하지 않은 것이다. 축소해서 말하는 것은 과장해서 말하는 것과 마찬가지로 진실하지 못하다. 그리고 어떤 사실을 말할 때 핵심을 벗어난 이야기만 빙빙 돌려가며 하는 경우가 있다. 또는 농담 삼아 말하거나 이야기 중 앞뒤 말을 빼고 말하기도 한다. 이러한 말들 또한 있는 그대로 정확하게 전달하지 않았기 때문에 100% 진실하다고 말할 수는 없다.

어느 날 미국의 한 텔레비전 프로그램에서 중보기도라는 제목으로 설교한 적이 있었다. 그런데 그때 성령은 나에게 과장하는 죄가 있음을 보여 주셨다. 나는 설교하며 어떤 것을 설명하려고 내 생활에서 일어난 일을 실례로 들었다. 그리고 흥미를 돋우려고 실제 있었던 일에 서너 마디 정도를 덧붙여서 이야기했다.

하나님은 곧바로 나의 죄를 지적하셨고, 회개하고 사람들에게 용서를 구하라고 말씀하셨다. 나는 즉시 그 죄를 처리하지 않으면 하나님이 다음 설교부터 아무런 권위도 주시지 않는다는 사실을 알았기에, 죄를 회개하고 사람들에게 용서를 구했다.

농담처럼 말하면서 사실대로 말하지 않는 것도 100% 정직하다고 할 수 없다. 예를 들면, 어떤 곳에 같이 가자고 제안받았을 때 별로 가고 싶지 않은 경우가 있다. 꼭 가지 않을 만한 타당한 이유가 있는 것도 아닌데 말이다. 이럴 때 정중하게 거절할 수도 있지만 우리는 보통 이렇게 말을 한다. "정말 가고는 싶지만…."

이럴 때 우리는 거짓말을 할 뿐 아니라 하나님을 경외하는 마음이 없다는 것을 보여 준다. 우리는 진실한 말보다 다른 사람에게 듣기 좋은 말을 하는 데 더 많이 신경을 쓴다.

물론 하나님을 경외하는 생활은 진실을 말하는 것만으로는 충분하지 않다. "은혜와 진리는 예수 그리스도로 말미암아 온 것"(요 1:17)이라는 말씀처럼 진리와 함께 은혜가 있어야 한다. 또 진리가 있을 때는 사랑의 마음이 동반되어야 한다. 성경은 "오직 사랑 안에서"(엡 4:15) 진리를 말하라고 한다. 우리가 예수님의 생애를 자세히 살펴보면 알 수 있듯이 예수님은 다양한 방식으로 진리를 말씀하시되 사랑과 은혜를 함께 드러내셨다. 따라서 예수님의 말씀은 감상적이거나 인정 때문에 하시는 말씀이 절대 아니었다.

바울은 이렇게 말한다. "너희 말을 항상 은혜 가운데서 소금으로 맛을 냄과 같이 하라 그리하면 각 사람에게 마땅히 대답할 것을 알리라"(골 4:6).

한편 '하나님의 학교'에서 가르치는 경외하는 법은 시편 34편 14절에서 볼 수 있다. "화평을 찾아 따를지어다." 이 말씀은 우리가 어떻게 하나 됨을 추구하는 사람이 될 수 있는지 가르쳐 준다. 우리는 절대 분열을 조장하는 사람이 되어서는 안 된다. A에게 가서 B가 C를 좋아하지 않으며 못마땅하게 여기고, 자네(A)를 신뢰하지도, 신용하지도 않는다는 말을 해서는 안 된다. 한 형제가 다른 형제에 대해 부정적인 말을 했다고, 다른 형제를 찾아가 그것을 그대로 말해서는 안 되는 것이다.

우리는 긍정적인 말을 전하는 사람이 되어야 한다. 어떤 사람이 다른 사람을 칭찬하는 말을 들었다고 하자. 만약 칭찬받은 사람을 만날 기회를 하나님께서 주시면 그에게 이렇게 말해 주자. "며칠 전 당신에 대한 아름다운 이야기를 들었어요. 그 형제는 당신에게 무척 감사하고 있어요. 당신을 사랑한답니다."

우리가 그리스도의 몸의 지체들을 평화롭게 하는 데 도움이 될 만한 말을 흘려보낸다면, 우리는 참으로 '화평을 찾아 따르는' 사람이 될 것이다. 이것이 평화를 좇는 삶이다. 또 형제들 사이에서 평화를 이루는 자가 되어 화목을 도모하고 화목하게 하는 일에 쓰이는 것이다. 이와 같이 생활할 때, 우리는 비로소 하나님을 경외하는 마음을 지닌 사람이 된다. 그러나 만일 우리가 평화롭게 하는 일을 잘 알지 못할 때는 하나님을 경외하는 생활이 우리 삶 가운데 이루어지지 못한다. "평강의 길을 알지 못하였고 그들의 눈앞에 하나님을 두려워함이 없느니라 함과 같으니라"(롬 3:17-18).

하나님을 경외하는 법을 배우는 가장 확실한 길은 단호하게 성경말씀에 나온 기준대로 살기로 결정하는 것이다. 우리는 성경의 기준이 최고임을 인정한다. 그런데 이렇게 살아가는 사람들을 찾아보기 어렵다. 심지어 영적 지도자라고 하는 사람조차 그렇게 살지 못하는 경우가 있다. 그러나 우리는 주 예수 그리스도를 본으로 삼을 수 있다. 예수님이 바로 "여호와를 경외함으로 즐거움"(사 11:3)을 삼으신 분이기 때문이다.

이렇게 살기로 결정했을 때 어떤 사람들은 우리를 광신자나 극단주의자라고 말할지도 모른다. 그러나 디모데후서 3장 12절은 이렇게 말한다. "무릇 그리스도 예수 안에서 경건하게 살고자 하는 자는 박해를 받으리라."

이 말씀은 하나님께서 주신 약속이므로 이렇게 되는 것이 당연하다. 하지만 하나님 말씀을 기준으로 삼아 살지 않는 대부분의 그리스도인 때문에 가장 큰 핍박이 온다는 사실은 매우 안타깝다.

그러면 우리가 하나님 말씀에 따라 살기로 결정했을 때 받는 보상은 무엇인가? 그것은 바로 하나님과 절친한 친구가 되는 것이다. 이보다 더 큰 보상이 어디 있겠는가!

어떤 사람들은 이렇게 말할는지 모른다. "아니, 어떻게 매

순간 100% 진실만을 이야기할 수 있지? 게다가 은혜를 끼치며 사랑으로 말해야 한다니?"라고 말이다. 다음 장에서 그 해답을 찾아보자.

17

지혜로운 말

"지혜는 어디서 얻으며 명철이 있는 곳은 어디인고 또 사람에게 말씀하셨도다 보라 주를 경외함이 지혜요 악을 떠남이 명철이니라"(욥 28:12, 28). 지혜란 우리가 하나님을 경외하는 마음을 품을 때 따라 오는 선물이다. 이것이야말로 우리에게 기쁜 소식이 아닐 수 없다.

수년 전 하나님을 경외하는 법을 주제로 삼아 처음 공부를 시작했을 때 나는 어떻게 지혜를 얻을 수 있는지 발견하고서 무척이나 놀라워했다. 나는 지금까지 스스로 늘 지혜가 부족한 사람이라고 생각했다. 지혜로워지기를 간절히 원했지만 어떻게 지혜를 얻을 수 있는지는 몰랐다. 아주 훌륭한 설교를 들었지만 하나님을 경외하는 법에 대한 말씀은 들어 본 적이 없었다. 말씀을 전하는 사람을 탓하는 것은 아니다. 잘못이 있다면 오히려 내게 있다. 왜냐하면 나에게는 하나님 말씀이 있었고, 함께하시는 성령이 계셨기 때문이다.

하나님을 알고자 날마다 말씀을 찾기 시작했을 무렵, 나는 하나님을 경외하면 지혜가 생긴다는 사실을 깨달았고, 거룩한 삶을 살면 살수록 지혜가 더욱 풍성해지는 것을 알았다. 또 내 안에서 이 일을 행하시는 성령님께 순복하면 나를 통해 다른 사람에게도 동일한 역사가 일어난다는 사실도 알았다. "하나님을 경외함이 지혜의 근본"(시 111:10)일 뿐 아니라 "지혜의 훈계"(잠 15:33)이기도 하다. 거룩함이 깊어질수록 지혜는 더 풍성해진다.

만일 우리가 잠잠할 때와 말해야 할 때를 분별할 줄 안다면 그 이상의 지혜는 필요하지 않을 것이다. 전도서 3장 7절은 "잠잠할 때가 있고 말할 때가 있으며"라고 말씀한다. 이 말씀은 있는 그대로 말하고 솔직해져야 할 때가 있는 반면, 입을 다물고 침묵해야 할 때가 있다는 말이다. 이 두 가지가 균형을 이루려면 오직 하나님을 경외하는 마음에서 나오는 지혜가 필요하다.

말을 할 때는 정직해야 하며, 얼른 자기 죄를 인정해야 한다. 또 남의 잘못을 선뜻 용서해 줄 줄도 알아야 한다. 우리는 다른 사람의 기쁨과 슬픔을 함께 나눠야 한다. 그리고 다른 사람에게 사랑과 위로, 격려를 전하고, 오해를 풀 때는 지혜롭게 말하는 사람이 되어야 한다. 만약 어떤 사람이 찾아와서 자신의 죄를 고백했다면 그 죄에 대해서는 침묵하라.

우리가 진리에 대한 계시의 말씀을 나눌 때는 더욱 조심해야 한다. 언제 말해야 하는지 그 시기를 잘 포착하라. 성령은 모든 상황을 염두에 두고 우리를 인도하신다. 바울은 누구보다도 진리에 대한 계시를 풍성하게 받았지만, 하나님이 허락하시지 않으면 그것을 나누지 않았다(고후 12:3-4).

베드로와 야고보와 요한은 예수님과 함께 산에 있으면서 계시를 받았지만, 예수님은 제자들을 훈계하셨다. 이것이 중요하다. "그들이 산에서 내려올 때에 예수께서 경고하시되 인자가 죽은 자 가운데서 살아날 때까지는 본 것을 아무에게도 이르지 말라 하시니 그들이 이 말씀을 마음에 두며"(막 9:9-10).

우리가 진리에 대한 계시의 말씀을 다른 사람과 나누려 하기 전에 그 사람이 말씀을 받을 준비가 되어 있는지 확인하는 일도 중요하다. "명령을 지키는 자는 불행을 알지 못하리라 지혜자의 마음은 때와 판단을 분변하나니 무슨 일에든지 때와 판단이 있으므로"(전 8:5-6).

준비되지 않은 심령은 진리를 어떻게 다루어야 할지 잘 모른다. "거룩한 것을 개에게 주지 말며 너희 진주를 돼지 앞에 던지지 말라 그들이 그것을 발로 밟고 돌이켜 너희를 찢어 상하게 할까 염려하라"(마 7:6).

복음서를 보면, 예수님이 병자들을 치유하신 다음 다른 사람에게 알리지 말라고 하신다(막 7:36; 눅 5:14, 8:56). 그런데 어떤 사람들은 그 말씀을 따르지 않았다.

우리는 다른 사람과 나눈 비밀을 발설하지 말아야 한다. "두루 다니며 한담하는 자는 남의 비밀을 누설하나 마음이 신실한 자는 그런 것을 숨기느니라"(잠 11:13).

하나님은 믿지 않는 남편과 사는 아내들에게 특별한 위로의 말씀을 하신다. 남편 앞에서 그리스도께서 산 것처럼 살아간다면 그 남편을 구원할 수 있다는 말씀이다. "아내들아 이와 같이 자기 남편에게 순종하라 이는 혹 말씀을 순종하지 않는 자라도 말로 말미암지 않고 그 아내의 행실로 말미암아 구원을 받게 하려 함이니"(벧전 3:1). 남편을 위해 중보하는 것이 남편에게 그리스도인이 되라고 애써 말하는 것보다 훨씬 효과적일 것이다. "칼로 찌름같이 함부로 말하는 자가 있거니와 지혜로운 자의 혀는 양약과 같으니라"(잠 12:18).

실례를 들어 보자. 어떤 사람이 "새로 바꾼 제 머리 모양 어때요?" 하고 물었는데 아주 형편없었다면 어떻게 대답하겠는가? 우리는 이미 하나님을 경외하는 것은 입술에서 거짓을 제하고, 진실만을 말하는 것임을 배웠다. 하지만 "저는 지금 하나님을 경외하는 법에 대해 배웠기 때문에 정직하게 말할 수밖에 없어요. 정말 볼품없군요" 하고 이야기해서는 안 된다. 하나님을 경외하는 마음이란 입술에서 거짓을 제할 뿐만 아니라 동시에 지혜롭게 말하는 것이다.

이렇게 대답할 수 있다. "글쎄요, 제 생각에는 다른 머리 모양이 더 잘 어울리는 것 같은데요. 지난달에 했던 머리도 참 예뻤어요!" 사랑 안에서 진실을 이야기한 것이다. 머리 모양이 별로라는 사실을 상대방의 마음이 상하지 않게 말한 것이다. 부정적인 이야기는 감추고, 긍정적인 점은 부각해서 말이다.

물론 이전에 그 사람의 머리 모양을 본 적이 없을 수도 있다. 그러나 그런 때에도 하나님을 경외하는 마음이 있다면 성령님이 우리 마음속에 지혜로운 말을 재빨리 넣어 주실 것이다. 하나님을 의지하고 그 음성을 들으며 배우면, 우리를 통해 하나님이 말씀하신다. 이것이야말로 가슴 설레는 기막힌 모험이다.

하나님이 말씀하신 거룩함의 기준에 따라 살기로 작정할 때 그분은 한량없는 은혜를 베푸신다. 또한 이러한 선택을 하는 모든 사람에게 영원한 상급을 허락하신다.

18
하나님의 상급

성경에 기록된 최고의 약속의 말씀은 말라기 3장 16-17절이라 할 수 있다.

그때에 여호와를 경외하는 자들이 피차에 말하매 여호와께서 그것을 분명히 들으시고 여호와를 경외하는 자와 그 이름을 존중히 여기는 자를 위하여 여호와 앞에 있는 기념책에 기록하셨느니라 만군의 여호와가 이르노라 나는 내가 정한 날에 그들을 나의 특별한 소유로 삼을 것이요 또 사람이 자기를 섬기는 아들을 아낌같이 내가 그들을 아끼리니.

이 말씀은 이제 우리에게 생생하게 다가온다. 하나님을 경외하는 사람을 기록한 특별한 책이 있다. 이들은 하나님의 특별한 소유가 되고, 그분의 특별한 보호를 받을 것이다. 그러나 무엇보다도 가장 특별한 점이 있다면 그것은 온 우주에서 가장 놀랍고 거룩하고 뛰어나고 기묘하신 분, 바로 왕이신 하나님과 절친한 친구가 된다는 사실이다! 이것은 첫째로 하나님을 기쁘시게 한다(하나님이 우리를 창조하신 이유이기 때문이다). 또한 우리를 기쁘게 한다.

하나님이 만족하시길 바라는가? 아니면 하나님이 실망하시길 바라는가? 더불어 우리 자신도 절망에 빠지기를 바라는가? 중간이란 존재하지 않는다.

하나님과 얼마나 친밀한 관계를 맺고 있는지에 따라 만족을 누릴 수도 있고 절망에 빠질 수도 있다. 하나님을 경외하는 것 외에 그분과 절친한 친구가 될 수 있는 다른 길은 없다. 그리고 하나님과 친밀해지는 것은 우리의 선택이다. "그런즉 사랑하는 자들아 이 약속을 가진 우리는 하나님을 두려워하는 가운데서 거룩함을 온전히 이루어 육과 영의 온갖 더러운 것에서 자신을 깨끗하게 하자"(고후 7:1).

하나님을 그분을 경외하는 사람에게 이렇게 약속하셨다.

1. 다산

"그러나 산파들이 하나님을 두려워하여 애굽 왕의 명령을 어기고 남자 아기들을 살린지라"(출 1:17).

"그 산파들은 하나님을 경외하였으므로 하나님이 그들의 집안을 흥왕하게 하신지라"(출 1:21).

2. 죄를 짓지 않게 함
"모세가 백성에게 이르되 두려워하지 말라 하나님이 임하심은 너희를 시험하고 너희로 경외하여 범죄하지 않게 하려 하심이니라"(출 20:20).

3. 우리와 우리 자손에 대한 축복
"다만 그들이 항상 이같은 마음을 품어 나를 경외하며 내 모든 명령을 지켜서 그들과 그 자손이 영원히 복 받기를 원하노라"(신 5:29).

4. 장수
"여호와를 경외하는 것이 지혜의 근본이요 거룩하신 자를 아는 것이 명철이니라 나 지혜로 말미암아 네 날이 많아질 것이요 네 생명의 해가 네게 더하리라"(잠 9:10-11).

5. 생명의 보존
"여호와를 경외하는 것은 사람으로 생명에 이르게 하는 것이라 경외하는 자는 족하게 지내고 재앙을 당하지 아니하느니라"(잠 19:23).

6. 성공
"죄인은 백 번이나 악을 행하고도 장수하거니와 또한 내가 아노니 하나님을 경외하여 그를 경외하는 자들은 잘될 것이요"(전 8:12).

7. 구원
"오직 너희 하나님 여호와만을 경외하라 그가 너희를 모든 원수의 손에서 건져 내리라"(왕하 17:39).

8. 존경
"우리의 대적 이방 사람의 비방을 생각하고 우리 하나님을 경외하는 가운데 행할 것이 아니냐"(느 5:9).

9. 권위를 얻음
"내 아우 하나니와 영문의 관원 하나냐가 함께 예루살렘을 다스리게 하였는데 하나냐는 충성스러운 사람이요 하나님을 경외함이 무리 중에서 뛰어난 자라"(느 7:2).

10. 주의 가르침을 받음
"여호와를 경외하는 자 누구냐 그가 택할 길을 저에게 가르치시리로다"(시 25:12).

11. 양식을 공급하심
"여호와께서 자기를 경외하는 자들에게 양식을 주시며"(시 111:5).

12. 진리의 계시
"여호와의 친밀하심이 그를 경외하는 자들에게 있음이여 그의 언약을 그들에게 보이시리로다"(시 25:14).

13. 풍성한 은혜
"주를 두려워하는 자를 위하여 쌓아 두신 은혜 곧 주께 피하는 자를 위하여 인생 앞에 베푸신 은혜가 어찌 그리 큰지요"(시 31:19).

14. 확실한 하나님의 보살피심

"여호와는 그를 경외하는 자 곧 그 인자하심을 바라는 자를 살피사"(시 33:18).

15. 천사의 수호와 구원

"여호와의 천사가 주를 경외하는 자를 둘러 진 치고 그들을 건지시는도다"(시 34:7).

16. 모든 필요를 채우심

"너희 성도들아 여호와를 경외하라 그를 경외하는 자에게는 부족함이 없도다"(시 34:9).

17. 기업을 얻음

"주 하나님이여 주께서 나의 서원을 들으시고 주의 이름을 경외하는 자의 얻을 기업을 내게 주셨나이다"(시 61:5).

18. 하나님의 인자하심

"이는 하늘이 땅에서 높음같이 그를 경외하는 자에게 그의 인자하심이 크심이로다"(시 103:11).

19. 하나님의 긍휼하심

"아비가 자식을 긍휼히 여김같이 여호와께서는 자기를 경외하는 자를 긍휼히 여기시나니"(시 103:13).

20. 하나님과 친밀한 관계

"여호와의 친밀하심이 그를 경외하는 자들에게 있음이여"(시 25:14).

21. 지혜
"여호와를 경외함이 지혜의 근본이라 그의 계명을 지키는 자는 다 훌륭한 지각을 가진 자이니"(시 111:10).

22. 하나님의 축복
"할렐루야, 여호와를 경외하며 그의 계명을 크게 즐거워하는 자는 복이 있도다"(시 112:1).

23. 우리와 우리 자녀에게 넘치도록 주시는 축복
"높은 사람이나 낮은 사람을 막론하고 여호와를 경외하는 자들에게 복을 주시리로다"(시 115:13).
"여호와께서 너희를 곧 너희와 또 너희의 자손을 더욱 번창하게 하시기를 원하노라"(시 115:14).

24. 가정을 특별히 축복하심
"여호와를 경외하며 그의 길을 걷는 자마다 복이 있도다 네가 네 손이 수고한 대로 먹을 것이라 네가 복되고 형통하리로다 네 집 안방에 있는 네 아내는 결실한 포도나무 같으며 네 식탁에 둘러 앉은 자식들은 어린 감람나무 같으리로다 여호와를 경외하는 자는 이같이 복을 얻으리로다 여호와께서 시온에서 네게 복을 주실지어다 너는 평생에 예루살렘의 번영을 보며 네 자식의 자식을 볼지어다 이스라엘에게 평강이 있을지로다"(시 128편).

25. 보호
"여호와를 경외하는 자들아 너희는 여호와를 의지하여라 그는 너희의 도움이시요 너희의 방패시로다"(시 115:11).

26. 하나님을 경외하는 자와 사귐
"나는 주를 경외하는 모든 자들과 주의 법도들을 지키는 자들의 친구라"(시 119:63).

27. 소원을 이룸
"그는 자기를 경외하는 자들의 소원을 이루시며 또 그들의 부르짖음을 들으사 구원하시리로다"(시 145:19).

28. 하나님이 우리를 기뻐하심
"자기를 경외하는 자들과 그의 인자하심을 바라는 자들을 기뻐하시는도다"(시 147:11).

29. 치유와 회복
"스스로 지혜롭게 여기지 말지어다 여호와를 경외하며 악을 떠날지어다 이것이 네 몸에 양약이 되어 네 골수를 윤택하게 하리라"(잠 3:7-8).

30. 하나님을 신뢰함, 피난처 되심
"여호와를 경외하는 자에게는 견고한 의뢰가 있나니 그 자녀들에게 피난처가 있으리라"(잠 14:26).

31. 하나님의 기념책에 이름이 기록됨, 그분의 소유가 되어 보호받음
"그때에 여호와를 경외하는 자들이 피차에 말하매 여호와께서 그것을 분명히 들으시고 여호와를 경외하는 자와 그 이름을 존중히 여기는 자를 위하여 여호와 앞에 있는 기념책에 기록하셨느니라"(말 3:16).

32. 만족
"여호와를 경외하는 것은 사람으로 생명에 이르게 하는 것이라 경외하는 자는 족하게 지내고"(잠 19:23).

33. 재물과 영광과 생명
"겸손과 여호와를 경외함의 보상은 재물과 영광과 생명이니라"(잠 22:4).

34. 존귀한 여인
"고운 것도 거짓되고 아름다운 것도 헛되나 오직 여호와를 경외하는 여자는 칭찬을 받을 것이라"(잠 31:30).

35. 진보
"너는 이것도 잡으며 저것에서도 네 손을 놓지 아니하는 것이 좋으니 하나님을 경외하는 자는 이 모든 일에서 벗어날 것임이니라"(전 7:18).

36. 견고함
"내가 그들에게 복을 주기 위하여 그들을 떠나지 아니하리라 하는 영원한 언약을 그들에게 세우고 나를 경외함을 그들의 마음에 두어 나를 떠나지 않게 하고"(렘 32:40).

37. 죄악을 피할 능력
"여호와를 경외함으로 말미암아 악에서 떠나게 되느니라"(잠 16:6).

38. 하나님의 자비
"긍휼하심이 두려워하는 자에게 대대로 이르는도다"(눅 1:50).

39. 하나님이 인정하심
"각 나라 중 하나님을 경외하며 의를 행하는 사람은 다 받으시는 줄 깨달았도다"(행 10:35).

이 놀라운 축복을 약속하신 하나님께 다 함께 기도드리자.

왕 되신 하나님, 우리는 하늘과 땅과 음부에까지 하나님을 경외하는 사람으로 알려지기를 원합니다. 주님이 욥과 고넬료에게 말씀하셨던 것처럼 우리에게도 말씀하시기 원합니다. 시편 기자처럼 기도드리니, "여호와여 주의 도를 내게 가르치소서 내가 주의 진리에 행하오리니 일심으로 주의 이름을 경외하게 하소서"(시 86:11). 이 책에 있는 진리의 말씀으로 도전받는 데 그치지 않고 삶이 완전히 변하기를 소망합니다. 진리의 말씀에 순종하겠습니다. 그렇게 할 때 우리를 자유롭게 하시고 주님과 절친한 친구가 되게 해주실 것을 믿습니다. 한없는 자유와 더할 나위 없는 만족이 있음을 믿고 감사드립니다. 주 예수 그리스도의 이름으로 기도합니다. 아멘.

부록

친밀감의 시작

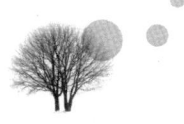

예수 그리스도께 삶을 드리려면

너희가 섬길 자를 오늘 택하라 오직 나와 내 집은 여호와를 섬기겠노라(수 24:15).

인류의 모든 족속을 한 혈통으로 만드사 온 땅에 살게 하시고 그들의 연대를 정하시며 거주의 경계를 한정하셨으니 이는 사람으로 혹 하나님을 더듬어 찾아 발견하게 하려 하심이로되 그는 우리 각 사람에게서 멀리 계시지 아니하도다(행 17:26-27).

1. 당신이 죄인임을 인정하고 죄를 회개하라.

"모든 사람이 죄를 범하였으매 하나님의 영광에 이르지 못하더니"(롬 3:23).

"그러므로 너희가 회개하고 돌이켜 너희 죄 없이 함을 받으라 이같이 하면 새롭게 되는 날이 주 앞으로부터 이를 것이요"(행 3:19).

"만일 우리가 우리 죄를 자백하면 그는 미쁘시고 의로우사 우리 죄를 사하시며 우리를 모든 불의에서 깨끗하게 하실 것이요"(요일 1:9).

2. 당신을 죄에서 구원하시고 영원한 생명을 주시려고 그리스도께서 죽으시고 다시 살아나셨음을 믿으라.

"그리스도께서도 단번에 죄를 위하여 죽으사 의인으로서 불의한 자를 대신하셨으니 이는 우리를 하나님 앞으로 인도하려 하심이라"(벧전 3:18).

"하나님은 한 분이시요 또 하나님과 사람 사이에 중보자도 한 분이시니 곧 사람이신 그리스도 예수라"(딤전 2:5).

"하나님이 세상을 이처럼 사랑하사 독생자를 주셨으니 이는 그를 믿는 자마다 멸망하지 않고 영생을 얻게 하려 하심이라"(요 3:16).

"다른 이로써는 구원을 받을 수 없나니 천하 사람 중에 구원을 받을 만한 다른 이름을 우리에게 주신 일이 없음이라 하였더라"(행 4:12).

3. 믿음으로 그리스도를 영접하고 그리스도 안에서 약속하신 하나님의 선물을 받아들이라.

"예수께서 이르시되 내가 곧 길이요 진리요 생명이니 나로 말미암지 않고는 아버지께로 올 자가 없느니라"(요 14:6).

"영접하는 자 곧 그 이름을 믿는 자들에게는 하나님의 자녀가 되는 권세를 주셨으니"(요 1:12).

"볼지어다 내가 문 밖에 서서 두드리노니 누구든지 내 음성을 듣고 문을 열면 내가 그에게로 들어가 그와 더불어 먹고 그는 나와 더불어 먹으리라"(계 3:20).

"또 증거는 이것이니 하나님이 우리에게 영생을 주신 것과 이 생명이 그의 아들 안에 있는 그것이니라 아들이 있는 자에게는 생명이 있고 하나님의 아들이 없는 자에게는 생명이 없느니라"(요일 5:11-12).

4. 주 예수 그리스도께 당신의 모든 삶을 헌신하고 그를 따르라. 그리고 아무 조건 없이 주를 섬기라.

"아들을 믿는 자에게는 영생이 있고 아들에게 순종하지 아니하는 자는 영생을 보지 못하고 도리어 하나님의 진노가 그 위에 머물러 있느니라"(요 3:36).

"누구든지 나를 따라오려거든 자기를 부인하고 자기 십자가를 지고 나를 따를 것이니라"(마 16:24).

"아버지나 어머니를 나보다 더 사랑하는 자는 내게 합당하지 아니하고 아들이나 딸을 나보다 더 사랑하는 자도 내게 합당하지 아니하며 또 자기 십자가를 지고 나를 따르지 않는 자도 내게 합당하지 아니하니라"(마 10:37-38).

"이르시되 내가 진실로 너희에게 이르노니 하나님의 나라를 위하여 집이나 아내나 형제나 부모나 자녀를 버린 자는 현세에 여러 배를 받고 내세에 영생을 받지 못할 자가 없느니라 하시니라"(눅 18:29-30).

5. 그리스도를 주로 시인하고 다른 사람에게 당신이 그리스도께 속한 사람이라고 고백하라.

"네가 만일 네 입으로 예수를 주로 시인하며 또 하나님께서 그를 죽은 자 가운데서 살리신 것을 네 마음에 믿으면 구원을 받으리라 사람이 마음으로 믿어 의에 이르고 입으로 시인하여 구원에 이르느니라"
(롬 10:9-10).

"누구든지 사람 앞에서 나를 시인하면 나도 하늘에 계신 내 아버지 앞에서 그를 시인할 것이요 누구든지 사람 앞에서 나를 부인하면 나도 하늘에 계신 내 아버지 앞에서 그를 부인하리라"(마 10:32-33).

"누구든지 나와 내 말을 부끄러워하면 인자도 자기와 아버지와 거룩한 천사들의 영광으로 올 때에 그 사람을 부끄러워하리라"(눅 9:26).

6. 주 예수께서 당신에게 영원한 생명을 주시려고 십자가에서 죽으셨을 뿐만 아니라 죽은 자 가운데서 부활하심으로 당신 안에서 예수의 생명이 나타나게 하신 것을 감사드리라.

"너희 안에 계신 그리스도시니 곧 영광의 소망이니라"(골 1:27).

"내가 그리스도와 함께 십자가에 못 박혔나니 그런즉 이제는 내가 사는 것이 아니요 오직 내 안에 그리스도께서 사시는 것이라 이제 내가 육체 가운데 사는 것은 나를 사랑하사 나를 위하여 자기 자신을 버리신 하나님의 아들을 믿는 믿음 안에서 사는 것이라"(갈 2:20).

† 주 예수 그리스도께 헌신하는 기도

주님, 제가 죄인임을 고백합니다. 죄에서 돌이켜서 회개하오니 저를 용서해 주십시오. 주님께서 저의 죄 때문에 십자가에서 죽으셨음을 믿습니다. 이제 주님께서 제 삶의 중심에 오시기를 청합니다. 믿음으로 예수님을 구주로 영접하오니 저의 주님이 되셔서 저를 주관하소

서. 아무 조건 없이 저의 삶을 주님 손에 올려드립니다. 주 예수님께서 영원한 생명을 주시려고 죽으시고 다시 살아나셔서, 저를 통해 예수님의 생명이 나타나게 된 것을 감사합니다. 주님이 저의 주인이심을 다른 사람들 앞에서 시인하고, 항상 성령님을 의지하며 주님 말씀에 순종하겠습니다. 저를 주님의 자녀로 삼아 주셔서 감사합니다. 저의 죄를 깨끗이 씻기시고 저를 용서해 주셔서 감사합니다. 또 영원한 생명을 주신 것도 감사드립니다. 예수님 이름으로 기도합니다. 아멘.

성숙한 그리스도인이 되는 길

1. 매일 기도하고 말씀을 읽는 일은 영적 성장에 꼭 필요하다.

먼저 요한복음과 시편을 읽으며 성경 읽기를 시작할 수 있다. 성령님께 말씀을 깨달을 수 있게 구하고서 하나님께 감사드리라. "믿음이 없이는 하나님을 기쁘시게 하지 못하나니 하나님께 나아가는 자는 반드시 그가 계신 것과 또한 그가 자기를 찾는 자들에게 상 주시는 이심을 믿어야 할지니라"(히 11:6).

하나님께서 당신에게 말씀하시는 성경구절에 밑줄을 그어라. 이 성경말씀은 당신의 지침이 될 것이다. "주의 말씀은 내 발에 등이요 내 길에 빛이니이다"(시 119:105).

기도할 때는 '구하는 기도'만 하지 말고 감사와 찬양의 기도를 함께 하라. "아무것도 염려하지 말고 다만 모든 일에 기도와 간구로, 너희 구할 것을 감사함으로 하나님께 아뢰라"(빌 4:6).

"그의 능하신 행동을 찬양하며 그의 지극히 위대하심을 따라 찬양할 지어다"(시 150:2).

2. 모든 일에 하나님의 인도를 구하고 인도하시는 하나님을 기대하라.

"내가 네 갈 길을 가르쳐 보이고 너를 주목하여 훈계하리로다"(시 32:8).

주님은 우리에게 친히 말씀해 주신다고 약속하셨다. "내 양은 내 음성을 들으며 나는 그들을 알며 그들은 나를 따르느니라"(요 10:27).

3. 하나님이 인도하시는 대로 교회의 충성된 그리스도인들과 정기적으로 모여라.

"그들이 사도의 가르침을 받아 서로 교제하고 떡을 떼며 오로지 기도하기를 힘쓰니라"(행 2:42).

"모이기를 폐하는 어떤 사람들의 습관과 같이 하지 말고 오직 권하여 그 날이 가까움을 볼수록 더욱 그리하자"(히 10:25).

4. 세례는 예수님을 주로 시인하는 공적인 고백이다.

"길 가다가 물 있는 곳에 이르러 그 내시가 말하되 보라 물이 있으니 내가 세례를 받음에 무슨 거리낌이 있느냐"(행 8:36).

세례를 받는 것은 주님이 명령하신 바와 같이 주 예수 그리스도를 믿는 우리의 신앙을 공개적으로 고백하는 것이다. "그러므로 너희는 가서 모든 민족을 제자로 삼아 아버지와 아들과 성령의 이름으로 세례를 베풀고"(마 28:19).

5. 이웃을 그리스도께 인도할 기회를 찾으라.

"지혜로운 자는 사람을 얻느니라"(잠 11:30).

"나를 따라오라 내가 너희를 사람을 낚는 어부가 되게 하리라"(마 4:19).

6. 당신의 원수인 사탄이 당신을 죄 짓게 하려고 다양한 모습으로 공격한다는 것을 명심하라.

"그런즉 너희는 하나님께 복종할지어다 마귀를 대적하라 그리하면 너희를 피하리라"(약 4:7).

"이는 너희 안에 계신 이(주 예수 그리스도)가 세상에 있는 자(사탄)보다 크심이라"(요일 4:4).

7. 만일 당신이 죄에 빠진다면 절망하지 말고 주님께 모든 것을 고백하고 회개하라.

"주의 이름을 부르는 자마다 불의에서 떠날지어다"(딤후 2:19).

8. "오직 성령으로 충만함을 받으라"(엡 5:18).

성령 하나님은 당신의 삶을 온전히 주관하기를 바라신다. 성령은 주 예수 그리스도를 당신에게 보이시고, 또 당신을 통하여 그분을 이웃에게도 증거하신다.

성령께서 주관하시지 않는다면 당신은 능력과 열매가 없는 그리스도인이 되고 말 것이다.

당신의 의지를 하나님께 전적으로 맡기라.
"하나님이 자기에게 순종하는 사람들에게 주신 성령"(행 5:32).

당신이 아는 죄를 모두 고백하고 회개하라.
"자기의 죄를 숨기는 자는 형통하지 못하나 죄를 자복하고 버리는 자는 불쌍히 여김을 받으리라"(잠 28:13).

성령 충만을 위해 기도하라.
"너희가 악할지라도 좋은 것을 자식에게 줄 줄 알거든 하물며 너희 하늘 아버지께서 구하는 자에게 성령을 주시지 않겠느냐 하시니라"(눅 11:13).

성령 충만을 주시는 하나님을 믿고 감사드리라.
"믿음을 따라 하지 아니하는 것은 다 죄니라"(롬 14:23).

성령의 이끄심에 순종하라. 또 성령이 하시는 것이라면 어떤 방법으로든지 성령이 친히 나타나시도록 맡기라. 계속 이렇게 해야만 성령 충만한 생활을 유지할 수 있다.

주

6장 회개란 무엇인가

1. Joy Dawson, *The Fire of God: Discovering Its Many Life-Changing Purposes* (Shippensburg: Pa.: Destiny Image, 2005).《삶을 변화시키는 하나님의 불》(예수전도단 역간).

2. A. W. Tozer, *Man: The Dwelling Place of God* (Camp Hill, Pa.: WingSpread Publishers, 1996).《임재 체험》(규장 역간).

13장 기름부음 받은 자를 비판하지 않기

3. Dawson, *The Fire of God*. p.127. 허가 후 인용.

옮긴이 이상신

서강대학교에서 생물학을 전공한 후 서울대학교 보건대학원에서 역학(예방의학의 한 분야)으로 석사학위를 받았다. 현재 아내 김유릿다와 두 아들 요한, 유다와 함께 살고 있다. 역서로는 《영적전쟁》, 《내면으로부터의 치유》(이상 예수전도단) 등이 있다.

옮긴이 양혜정

1987년 이화여자대학교 재학 중 캐나다로 이민, University of British Columbia에서 언어학을 공부했다. Simon Fraser 대학 ESL 영어교사학과를 졸업하고 캐나다 연방정부 이민자 영어 프로그램 교사로 일했으며, 현재 남편과 함께 중국에 거주하고 있다. 역서로는 《묵상하는 그리스도인》, 《내가 닮고 싶은 예수》(이상 예수전도단) 등이 있다.

하나님을 경외하는 마음

지은이 조이 도우슨
옮긴이 이상신 · 양혜정

1992년 4월 20일 1판 1쇄 펴냄
2008년 10월 22일 1판 99쇄 펴냄
2008년 12월 1일 개정증보판 1쇄 펴냄
2025년 4월 10일 개정증보판 31쇄 펴냄

펴낸곳 도서출판 예수전도단
출판 등록 1989년 2월 24일(제2-761호)
주소 서울특별시 관악구 신림로7나길 14
전화 02-6933-9981 · **팩스** 02-6933-9989
이메일 ywam_publishing@ywam.co.kr
홈페이지 www.ywampubl.com

ISBN 978-89-5536-302-9
책값은 뒤표지에 있습니다.

본 저작물의 한국어판 소유권은 도서출판 예수전도단에 있습니다.
잘못된 책은 바꾸어 드립니다.